GESUND UND KÖSTLICH

# Trennkost

GESUND UND KÖSTLICH

# Trennkost

KARL MÜLLER VERLAG

In gleicher Ausstattung sind bisher erschienen:

**Aufläufe • Aufläufe & Gratins • Asien-Küche • Backen für jede Gelegenheit • Besser Backen mit vollwertigen Rezepten • Cocktails • Desserts • Die besten Rezepte mit Hackfleisch • Eintöpfe • Feste feiern • Fisch-Küche • Gemüse zu jeder Jahreszeit • Gesund · Schlank · Fit • Kartoffel-Küche • Nudel-Küche • Reis-Küche • Salate für jede Gelegenheit • Suppen-Küche • Trennkost • Vegetarische Küche • Vollwertküche • Weihnachtsbacken**

Die Rezepte in diesem Buch wurden mit aller Sorgfalt zusammengestellt. Eine Garantie kann jedoch nicht übernommen werden. Der Verlag schließt eine Haftung für etwaige Personen-, Sach- und Vermögensschäden aus.



Konzept: Karin Iden
Lektorat: Monika Harand-Krumbach
Reproarbeiten: Hetzner GmbH, Nürnberg
Titelbild: Supress, Düsseldorf, Deutsche Ei-Information

10 9 8 7 6 5 4 97 98 99 00 01 02 03

# *Inhalt*

wurst, Zungenwurst, Blutwurst, Grobe Leberwurst, Schwartenmagen, Thüringer Rotwurst, Wiener Würstchen, Bockwurst, gekochter Schinken, Corned Beef, Geflügelwurst etc.
**Alle ungeräucherten, gegarten Fischsorten, Schalen- und Krustentiere in gegartem Zustand:** Forelle, Kabeljau, Schellfisch, Seelachs, Makrele, Hecht, Heilbutt, Lachs, Muscheln, Garnelen, Hummer
**Alle Soja-Produkte:** Tofu, Sojasauce (süß und salzig), alle auf Sojabasis hergestellten Aufstriche
**Eier**
**Milch:** alle Fettstufen
**Alle Käsesorten mit höchstens 55 % F.i.Tr.:**
**Schnittkäse:** Bavaria-Blu (50 % F.i.Tr.), Butterkäse (50 % F.i.Tr.), Danbo (50 % F.i.Tr.), Edamer (40 % und 45 % F.i.Tr.), Gouda (30 % und 45 % F.i.Tr.), Havarti (45 % F.i.Tr.) Mini-Babybel (50 % F.i.Tr.), Räucherkäse (50 % F.i.Tr.), Roquefort (50 % F.i.Tr.), Rauch-Schinken-Käse (45 % F.i.Tr.), Toast-Scheibletten (45 % F.i.Tr.), Steppenkäse (45 % F.i.Tr.), Tilsiter (45 % F.i.Tr.) etc.
**Alle Weichkäsesorten:** Brie (45 % F.i.Tr.), Bel Paese (50 % F.i.Tr.), Camembert (10-50 % F.i.Tr.), Geheimratskäse (45 % F.i.Tr.), Harzer (0,5 % F.i.Tr.), Limburger (40 und 50 % F.i.Tr.), Münsterkäse (45 % F.i.Tr.) Romadur (20-50 % F.i.Tr.) etc.
**Alle Hartkäse:** Appenzeller (50 % F.i.Tr.), Bergkäse, (50 % F.i.Tr.), Emmentaler (45 % F.i.Tr.), Gruyère (45 % F.i.Tr.), Parmesankäse (35 % F.i.Tr.), Provolone (50 % F.i.Tr.) etc.
**Schmelzkäse** mit 10-45 % F.i.Tr., Kochkäse (10-45 % i.Tr.)

**Gekochte Tomaten** (auch aus der Dose)
**Alle Beerenfrüchte** (außer Heidelbeeren)
**Alle Steinobstsorten**
**Alle Kernfrüchte** (außer mürbe, süße Äpfel)
**Alle Zitrusfrüchte,** wie Zitronen, Orangen, Grapefruits
**Alle exotischen Früchte** (außer Bananen, frischen Datteln und Feigen) wie Mango, Papaya, Kiwi, Melone
Dr. Hay ordnet säurereiche Obstsorten der Eiweißgruppe zu. Die Praxis versucht, nur geringe Mengen davon mit anderen Lebensmitteln aus der Eiweißgruppe zu mischen, oder diese Obstsorten nur mit Milch oder angesäuerten Milchprodukten zum Frühstück oder zwischendurch zu verwenden.

## NEUTRALE GRUPPE

Was ist neutrale Kost?
Darunter verstehen wir Nahrungsmittel, die innerhalb einer Mahlzeit mit den Eiweißen oder mit den Kohlenhydraten gemischt werden dürfen, z. B. Öle, Butter, Margarine, Rahm, Sahne, Quark, angesäuerte Milchprodukte, alle Frischkäsesorten, Doppelrahmfrischkäse, Käse ab 60 % F. i. Tr. sowie Fleisch und Wurst (Bündner Fleisch, roher Schinken), außerdem Gemüse, Salate, Rohkost, alle frischen und getrockneten Kräuter:
**Alle Fette:** Öle (kaltgepreßtes Öl bevorzugen), ungehärtete Margarinesorten und Butter, aber auch schmalzähnlicher und pflanzlicher Aufstrich; ferner alle gesäuerten Milchprodukte, wie Buttermilch, Joghurt, Sahne-Dickmilch, saure Sahne, Kefir; vergorenes Molkekonzentrat (Molkosan); süße Sahne

und Kaffeesahne; alle Käsesorten mit mindestens 60 % F.i.Tr.
**Schnittkäse:** Butterkäse (60 % F.i.Tr.), Danablu (60 % F.i.Tr.), Edelpilzkäse (70 % F.i.Tr.), Tilsiter (60 % F.i.Tr.).
**Weichkäse:** Brie (70 % F.i.Tr.), Bavariablu (70 % F.i.Tr.), Camembert (70 % F.i.Tr.), Klosterkäse (60 % F.i.Tr.) Romadur (60 % F.i.Tr.), Weinbergkäse (60 % F.i.Tr.)
**Schmelzkäse** mit 60 und 70 % F.i.Tr.
**Frischkäse:** Doppelrahm-Frischkäse (60 und 70 % F.i.Tr.), Cottage-Cheese und Hüttenkäse (20 % F.i.Tr.), Rahmfrisch-Käse (15 und 50 % F.i.Tr.), Schichtkäse (40 % F.i.Tr.), Schafskäse (40 % F.i.Tr.), Weißlacker (50 % F.i.Tr.), Speisequark (10-40 % F.i.Tr.)
**Alle rohen, geräucherten Wurstwaren:** Bündner Fleisch, Cervelatwurst, Streichmettwurst, Teewurst, deutsche Salami, grobe Mettwurst, Landjäger, Plockwurst, schnittfeste Mettwurst, Schlackwurst, roher Schinken, Salami, Blutwurst, Debrecziner etc.; teilweise werden diese Sorten auch ohne Schweinefleisch zubereitet angeboten
**Rohes Fleisch:** Tatar
**Alle rohen und marinierten oder geräucherten Fischsorten:** Aal, Bückling, Forellen, Heilbutt, Matjes, Räucherlachs, Schillerlocken und Bismarckhering
**Gemüsesorten:** Auberginen, Brokkoli, Blumenkohl, Brechbohnen, grüne Erbsen, Fenchel, Salatgurken, Möhren, Knoblauch, Kohlrabi, Lauch (Porree), Mais, Paprikaschoten, Peperoni, Radieschen, Rettich, Rosenkohl, Rotkohl, Sauerkraut, Sellerie, Spargel, Spinat, Tomaten, Weißkohl, Wirsingkohl, Zwiebeln, Zucchini
**Blattsalate:** alle Salatsorten
**Heidelbeeren**
**Pilze:** Austernpilze, Butterpilze, Champignons, Pfifferlinge, Steinpilze, Maronen, Trüffel
**Alle Sprossen und Keimlinge**
**Alle Kräuter**
**Alle Gewürze**
**Alle Nüsse:** Hasel- und Walnüsse, Mandeln, Kokosnüsse, (Kokosraspel); Ausnahme: Erdnüsse
**Ungeschwefelte Rosinen**
**Oliven:** grüne, blaue und gefüllte
**Eigelb**
**Hefe** (frisch und getrocknet)
**Klare, hochprozentige Spirituosen**
**Kräutertees**
**Alle Geliermittel**: Gelatine (tierisches Eiweißprodukt), Agar-Agar (Meeresalgen in Pulverform), Biobin, Johannisbrotkernmehl und andere pflanzliche Bindemittel aus der Apotheke und dem Reformhaus

## KOHLENHYDRATGRUPPE

Hierzu zählen alle Getreidesorten und alle Getreideerzeugnisse, wie Vollkornbrot, Vollkornbrötchen, Kuchen aus Vollkornmehl, Vollkornnudeln, Kartoffeln, Grünkohl, Schwarzwurzeln, Feigen, Honig, Ahornsirup, Birnen- und Apfeldicksaft
**Alle Getreidesorten:** Gerste, Weizen, Roggen, Hafer, Grünkern, Dinkel, Hirse, Mais, Naturreis, Buchweizen
**Alle Vollkorngetreideerzeugnisse:** Vollkornbrötchen, -brot, -kuchen, Vollkornnudeln ohne Ei, Vollkorngrieß

**Gemüsesorten:** Kartoffeln, Topinambur, Grünkohl, Schwarzwurzeln
**Obstsorten:** Bananen, ungeschwefeltes Trockenobst (Korinthen und Rosinen gehören zur neutralen Gruppe), frische Datteln und Feigen, mürbe süße Äpfel
**Süßungsmittel:** Ahornsirup, Honig, Birnen- und Apfeldicksaft, Frutilose
**Weiterhin:** Weinsteinbackpulver, Carob (gemahlene Frucht des Johannisbrotbaumes), Kartoffelstärke, Puddingpulver, Sesam, Sonnenblumenkerne
**Bier**

**DAS SOLLTE VERMIEDEN WERDEN:**

Nach Möglichkeit zu verzichten empfehlen wir Ihnen auf:
Auszugsmehlprodukte, d.h. Weißmehlprodukte, wie Nudeln
polierten Reis
getrocknete Hülsenfrüchte
Zucker und alle Zuckerprodukte, Süßstoff und damit hergestellte Produkte, wie Süßigkeiten, Konfitüren, Gelees
Fertigprodukte (Tüten, Dosen, Packungen, Tiefkühlkost), Fast-Food
fertige Mayonnaise, Remouladensauce
Kochsalz (nicht jodiert)
Meerrettich, Senf
gehärtete Margarinesorten, weißes Plattenfett (zum Braten und Fritieren)
Schweinefleisch, Wurst, rohes Fleisch
rohes Eiweiß
Erdnüsse, Kastanien
Rhabarber, Preiselbeeren
Schwarzen Tee, Kaffee, Kakao
hochprozentige Alkoholika, Liköre
alle Light-Produkte

Nierenkranken rät Dr. Hay besonders von Spinat, Rhabarber, Kastanien, Meerrettich, Senf und Pfeffer ab.
Wie allgemein bekannt, sollte wenig Fleisch gegessen werden.

Abb. S. 15
Fit-Müsli
(Rezept S. 16)

Frühstück

# Frückstücksquark

• Kohlenhydratgruppe

*1 Salatgurke (300 g)*
*200 g Speisequark*
*(10 % Fett)*
*1½ EL kernige Haferflocken*
*je 1 Prise Meersalz und*
*weißer Pfeffer*
*3 Stiele Dill, fein gehackt*

Gurke schälen, grob raffeln. Joghurt und kernige Haferflocken hinzufügen. Mit Salz, Pfeffer und Dill abschmecken.

ca. 130 kcal/545 kJ
pro Portion

**TIP**

Dieser Quark schmeckt auch mit 4 Eßlöffeln Instant Haferflocken zubereitet.

# Fit-Müsli (Abb. S. 15)

• Kohlenhydratgruppe

*6 EL kernige Haferflocken*
*(60 g)*
*2 EL gehackte Walnüsse (20 g)*
*1 mürber Apfel*
*je 100 ml Kefir (1,5 % Fett)*
*und süße Sahne*
*2 TL Ahornsirup*

Die Haferflocken und Walnüsse mischen und in eine Dessertschale geben. Den Apfel abspülen, vierteln, das Kerngehäuse entfernen, ein Apfelviertel in Scheiben schneiden. Restliche Apfelstücke grob reiben, unter die Haferflocken mischen. Kefir, Sahne und Ahornsirup cremig schlagen und über die Mischung geben. Mit Apfelscheiben garnieren.

ca. 410 kcal/1715 kJ
pro Portion

# Bananen-Hirse mit Heidelbeeren

• Kohlenhydratgruppe

*60 g Hirse*
*2 EL süße Sahne (30 % Fett)*
*1 Banane (120 g)*
*1 Prise gemahlener Zimt*
*300 g verlesene Heidelbeeren*

Die Hirse mit 75 ml Wasser bei geringer Hitze zum Kochen bringen. 2-3 Minuten schwach kochen und etwa 15 Minuten auf der ausgeschalteten Herdplatte oder bei geringer Hitze ausquellen lassen. Unter die abgekühlte Hirse die Sahne und eventuell noch 1-2 EL Wasser rühren. Die Banane schälen, würfeln, unterheben. Mit Zimt abschmecken. Mit Heidelbeeren anrichten.

ca. 320 kcal/1340 kJ
pro Portion

# Vollkorntoasthappen

▷

- Kohlenhydratgruppe

*4 Scheiben Vollkorntoastbrot*
*2 TL hochwertige Pflanzenmargarine*
*einige Salatblätter*
*je 2 Scheiben (je 50 g) Blauschimmelkäse und Camembert (60 % F.i.Tr.), in Größe der Toastbrotscheiben*
*1 kleiner mürber Apfel*
*1 EL gehackte Kräuter (Petersilie, Schnittlauch, Dill)*
*8 Walnußkerne*

Vollkorntoastbrotscheiben hellbraun toasten, dünn mit Margarine bestreichen und jede Scheibe mit einem scharfen Messer diagonal halbieren, so daß zwei Dreiecke entstehen. Jedes Dreieck mit einem vorbereiteten Salatblatt belegen. In Dreiecke geschnittene Käsescheiben auf die Salatblätter setzen. Apfel abspülen, vierteln, das Kerngehäuse entfernen, mit der Schale raspeln. Gehackte Kräuter locker untermischen und gleichmäßig auf den Käsehappen verteilen. Jeweils mit einer Walnußhälfte garnieren.

ca. 730 kcal/3050 kJ
pro Portion

# Camembert-Dreiecke

- Kohlenhydratgruppe

*4 Scheiben Vollkorntoastbrot*
*2 Scheiben Pumpernickel*
*30 g Butter*
*etwas Paprika, edelsüß*
*100 g Camembert (60 % F.i.Tr.)*
*je 1 kleine rote und gelbe Paprikaschote (150-200 g)*
*30 g Radieschensprossen*

Alle Brotscheiben mit Butter bestreichen; mit Paprikapulver bestreuen. Camembert in dünne Scheiben schneiden. Paprikaschoten abspülen, halbieren, entkernen und in dünne Streifen schneiden. Radieschensprossen kurz abbrausen und trockentupfen. Zwei Vollkorntoastbrotscheiben mit Käsescheiben belegen, einige Paprikaschotenstreifen und Radieschensprossen darauf verteilen, je eine Scheibe Pumpernickel darüberlegen und auf die gleiche Weise beschichten. Zum Schluß restliche Vollkorntoastscheiben mit der bestrichenen Fläche nach unten auflegen. Etwas zusammendrücken und diagonal halbieren.

ca. 550 kcal/2300 kJ
pro Portion

**TIP**

Auf weiten Autoreisen an heißen Sommertagen sollten Sie Sandwiches in der Kühltasche transportieren.

# *Holländische Goudahappen*

▷

- Kohlenhydratgruppe

*8 Radieschen*
*200 g Magerquark*
*Meersalz*
*Cayennepfeffer*
*Kümmel, gemahlen*
*1 Staude Chicorée*
*4 Scheiben Weizenvollkornbrot*
*¼ Kistchen Gartenkresse*
*4 Scheiben (je 30 g) Rahmgouda (60 % F.i.Tr.)*

Radieschen abspülen, trockentupfen, vier Stück beiseite legen, die anderen grob schneiden und mit dem Quark vermischen. Mit Salz, Cayennepfeffer und Kümmel würzen. Vom Chicorée den Strunk keilförmig entfernen, den Kolben längs halbieren, aufblättern. Zwei Brotscheiben dünn mit Radieschenquark bestreichen, etwas Kresse darüberstreuen, einige Chicoréeblätter darauf verteilen (4 kleine beiseitelegen), einen dicken Klecks Quark aufsetzen, Rahmgouda darüberlegen. Mit einem kleinen Klecks Quarkmasse (etwas übrig lassen), etwas Kresse und der zweiten Brotscheibe abschließen. Die fertige Schnitte quer in vier gleichgroße Happen schneiden. Mit restlichen Zutaten garnieren.

ca. 530 kcal/2220 kJ
pro Portion

# *Rot-Weiß-Grün-Schnitte*

- Kohlenhydratgruppe

*2 Scheiben Roggenknäckebrot*
*2 Salatblätter*
*100 g körniger Frischkäse (20 % F.i.Tr.)*
*1 mittelgroße Tomate*
*Meersalz*
*frisch gemahlener weißer Pfeffer*
*2 Walnußhälften*

Knäckebrotscheiben mit den Salatblättern belegen. Darauf den Frischkäse verteilen. Auf den Käse die geviertelte Tomate setzen. Salzen und pfeffern. Mit den Walnußhälften belegen.

ca. 115 kcal/480 kJ
pro Portion

**TIP**

Statt körnigem Frischkäse können Sie auch Speisequark (20 % F.i.Tr.) verwenden.

# Brot mit Schmelzkäse

▷

• Kohlenhydratgruppe

*2 Scheiben Dreikornbrot*
*10 g hochwertige Pflanzenmargarine*
*25 g Rahmschmelzkäse (60 % F.i.Tr.)*
*1 gestrichener EL Crème fraîche*
*50 g rote Paprikaschote*
*Meersalz*
*weißer Pfeffer*
*Currypulver*

Dreikornbrot mit Margarine bestreichen. Schmelzkäse und Crème fraîche verrühren. Paprika abspülen, trockentupfen, würfeln und unter die Masse rühren. Mit den Gewürzen abschmecken und die Brote damit bestreichen.

ca. 210 kcal/880 kJ pro Portion

# Edelpilzkäse mit Karotten

• Kohlenhydratgruppe

*2 Scheiben Roggenknäckebrot*
*2 Salatblätter*
*1 große Möhre (200 g), fein geraspelt*
*60 g Edelpilzkäse (60 % F.i.Tr.)*

Knäckebrotscheiben mit den abgebrausten und trockengetupften Salatblättern belegen. Die geraspelte Möhre darauf geben. Den Edelpilzkäse würfeln und ebenfalls verteilen.

ca. 175 kcal/730 kJ pro Portion

# Forellen-Bissen

• Kohlenhydratgruppe

*2 Scheiben Vollkornknäckebrot*
*¼ Kistchen Gartenkresse*
*2 geräucherte Forellenfilets (je 100 g)*
*je 1 TL Meerrettich und etwas Forellenkaviar*

Knäckebrot mit Gartenkresse locker belegen. Forellenfilet daraufsetzen. Mit Meerrettich und Kaviar anrichten.

ca. 235 kcal/980 kJ pro Portion

# Quarkbrot mit Schinken

• Kohlenhydratgruppe

*2 Scheiben Leinsambrot*
*20 g hochwertige Margarine*
*120 g Magerquark*
*50 g roher Schinken*
*1 kleines Stück mürber Apfel*
*1 EL Petersilie*
*weißer Pfeffer*

Leinsambrot mit Margarine bestreichen. Quark mit gewürfeltem Schinken mischen. Apfelstück fein würfeln und zu der Quark-Schinken-Masse geben. Gehackte Petersilie zufügen, mit Pfeffer abschmecken. Den Belag auf eine Scheibe Brot verteilen und mit der anderen Brotscheibe abdecken.

ca. 335 kcal/1400 kJ
pro Portion

# Mehrkornbrot vegetarisch

• Kohlenhydratgruppe

*2 Scheiben Mehrkornbrot*
*10 g hochwertige Pflanzenmargarine*
*je 2 Blätter Radicchio- und grüner Salat*
*100 g Magerquark*
*2 EL Buttermilch*
*½ Bund Radieschen*
*1 TL Sonnenblumenkerne*
*etwas Kresse*

Mehrkornbrot mit Margarine bestreichen. Jeweils zur Hälfte mit beiden Salatsorten belegen. Magerquark und Buttermilch verrühren und darübergeben. Radieschen in Scheiben geschnitten darauf verteilen. Mit Sonnenblumenkernen bestreuen. Mit Kresse garnieren.

ca. 240 kcal/1000 kJ

# Erdäpfelbrot

• Kohlenhydratgruppe

*120 g gekochte Salatkartoffeln*
*1 EL saure Sahne (10 % Fett)*
*1 TL Senf, mittelscharf*
*4 Scheiben Sonnenblumen-Vollkornbrot*
*½ Kistchen Gartenkresse*

Die Kartoffeln pellen und in Scheiben schneiden. Sahne und Senf verrühren und auf die Brote streichen. Kresse abschneiden und die Hälfte darüber verteilen. Dann mit Kartoffelscheiben belegen und mit restlicher Kresse bestreuen.

ca. 240 kcal/1000 kJ
pro Portion

# Brot mit Liptauer Käse

▷

• Kohlenhydratgruppe

*4 Scheiben Grahambrot*
*2 TL hochwertige Margarine*
*1 kleine Zwiebel*
*4 Radieschen*
*250 g Speisequark*
*(20 % F.i.Tr.)*
*Paprika, edelsüß*
*Meersalz*
*15 g Kerbelblättchen*

Grahambrot mit Margarine bestreichen. Zwiebel pellen und sehr fein hacken. Radieschen abspülen, trockentupfen und würfeln (etwas beiseitelegen). Radieschen- und Zwiebelwürfel mit dem Quark verrühren. Mit Paprika und Salz abschmecken. Quark auf die Brote streichen, mit den restlichen Radieschen und Kerbel bestreuen.

ca. 340 kcal/1420 kJ
pro Portion

# Vollkornbrot mit Apfel

• Kohlenhydratgruppe

*2 Scheiben Vollkornbrot*
*2 TL hochwertige Margarine*
*1 mürber Apfel*
*2 kleine Blätter Eisbergsalat*
*2 TL Crème fraîche*
*einige geröstete Mandelblättchen und gehackte Pistazien*

Vollkornbrot mit Margarine bestreichen. Apfel und Eisbergsalat abspülen, trockentupfen. Apfel in Scheiben schneiden, das Kerngehäuse entfernen. Die Salatblätter auf dem Brot verteilen, die Apfelscheiben darüber legen. Crème fraîche verrühren, auf dem Obst verteilen; mit Mandelblättchen und Pistazien bestreuen.

ca. 230 kcal/960 kJ
pro Portion

# Vitamin-Stulle

• Kohlenhydratgruppe

*2 Scheiben Schwarzbrot*
*1 Paket (100 g)*
*Doppelrahmfrischkäse*
*(60 % F.i.Tr.)*
*1 Bund Radieschen*
*½ Bund Schnittlauch*

Die Schwarzbrotscheiben mit dem Frischkäse bestreichen und jeweils längs halbieren. Radieschen putzen und in Streifen schneiden. Auf dem Frischkäse verteilen. Mit reichlich Schnittlauch bestreuen.

ca. 270 kcal/1130 kJ
pro Portion

# Pumpernickel mit Wursttüten

▷

• Kohlenhydratgruppe

*2 Scheiben Pumpernickel*
*1 TL hochwertige Margarine*
*100 g Truthahnsalami*
*4 Oliven (mit Paprika gefüllt)*
*etwas Petersilie*

Pumpernickel mit Margarine bestreichen. Salamischeiben zur Hälfte einschneiden und die Enden tütenförmig übereinanderschieben. Auf dem Brot verteilen. Oliven in Scheiben schneiden und in die Tütchen geben. Mit Petersilie garnieren.

ca. 325 kcal/1360 kJ
pro Portion

# Brot mit Käse-Kräuter-Füllung

• Kohlenhydratgruppe

*150 g Radieschen*
*150 g Salatgurke*
*2 Päckchen tiefgefrorener Schnittlauch*
*je 200 g Magerquark und Frischkäse (15 % F.i.Tr.)*
*Meersalz*
*Cayennepfeffer*
*1 Vollkornbrot (500 g)*

Radieschen und Salatgurke abspülen, fein würfeln. Mit Schnittlauch, Frischkäse und Magerquark gut vermischen. Mit Salz und Pfeffer würzen. Vom Brot eine Kappe abschneiden und aushöhlen. Die Kräutercreme hineingeben, glattstreichen und mit der Kappe verschließen. Das Brot in Alufolie einwickeln und mindestens 30 Minuten ruhen lassen.

ca. 180 kcal/750 kJ
pro Portion

# Aichacher Bratenplatte

• Eiweißgruppe

*je 125 g Kalbs- und Burgunderbraten*
*125 g Putenbrust, geräuchert*
*125 g Geflügelleberkäse*
*einige geputzte Radieschen*

Die kalten Bratenscheiben auf einem Teller anrichten und nach Belieben mit Radieschen garnieren.

ca. 430 kcal/1800 kJ
pro Portion

Pumper-
nickel
echte aus Westfalen

# Mehrkornbrot mit Putenbrust

- Kohlenhydratgruppe

*4 Scheiben Mehrkornbrot*
*2 TL hochwertige Pflanzenmargarine*
*2 TL Petersilie, gehackt*
*2 Blätter Eisbergsalat*
*4 Scheiben geräucherte Putenbrust (100 g)*

Mehrkornbrotscheiben mit Pflanzenmargarine bestreichen, mit etwas Petersilie bestreuen. Eisbergsalat abspülen, trockentupfen und streifig schneiden. Auf zwei Scheiben verteilen. Putenbrustscheiben darauf legen. Die restliche Petersilie darüber streuen. Mit den Mehrkornbrotscheiben abdecken, halbieren.

ca. 290 kcal/1210 kJ
pro Portion

# Rührei-Brot

- Kohlenhydratgruppe

*2 Scheiben Vollkornbrot*
*1 kleine rote Paprikaschote (100 g)*
*2 TL hochwertige Pflanzenmargarine*

***Für das Rührei:***
*2 Eigelb*
*1 EL kaltes Wasser*
*2 EL süße Sahne*
*1 Prise Meersalz*
*weißer Pfeffer*
*2 EL Schnittlauchröllchen*
*1 TL Butterschmalz*

Vollkornbrot leicht toasten, abkühlen lassen. Inzwischen Paprikaschote putzen, waschen, vierteln. Stengelansatz und weiße Kerne entfernen. Die Brote mit Margarine bestreichen. Paprikaschote in sehr dünne Streifen schneiden. Einen Teil auf den Broten verteilen. Für das Rührei das Eigelb, Wasser, Sahne und Gewürze verrühren. In einer beschichteten Pfanne Butterschmalz erhitzen, die Eismasse hineingießen, unter vorsichtigem Hin- und Herschieben stocken lassen. Abgekühltes Ei auf die Brote verteilen. Mit Schnittlauchröllchen bestreuen. Restliche Paprikaschotenringe dazu essen.

ca. 265 kcal/1110 kJ
pro Portion

*Abb. S. 31*
*Buntes Gemüse mit Feta*
*(Rezept S. 32)*

# Zwischen-mahlzeiten

# Gemüsecocktail mit Frischkäse-Dip

▷

- Eiweißgruppe

*250 g Möhren*
*je 1 kleine grüne und rote Paprikaschote (180-200 g)*
*1 kleine Salatgurke (200 g)*
*200 g Staudensellerie*
*1 Kistchen Gartenkresse*

***Für den Dip:***
*1 Becher (150 g) Frischkäse mit Kräutern (10 % F.i.Tr.)*
*1 TL Zitronensaft*
*4 EL Milch (3,5 % Fett)*
*Meersalz*
*frisch gemahlener weißer Pfeffer*

Das Gemüse waschen; die Möhren putzen und in Streifen schneiden, Paprikaschoten vierteln, entkernen und in Streifen schneiden; die Salatgurke quer halbieren und längs vierteln, den Staudensellerie quer halbieren und die Stangen abtrennen. Alles auf einer Platte anrichten, mit der Kresse garnieren.
Für den Dip Frischkäse mit allen Zutaten verrühren; mit Gewürzen abschmecken.

ca. 225 kcal/940 kJ

# Buntes Gemüse mit Feta

- Eiweißgruppe

*150 g Aubergine*
*Meersalz*
*150 g Zucchini*
*1 kleine rote Paprikaschote (180-200 g)*
*150 g Champignons*
*1 Glas Feta-Würfel in Öl (150 g Abtropfgewicht)*
*2 Salbeiblätter*
*3 frische Rosmarinnadeln*
*5 Cocktailtomaten*
*10 Basilikumblätter*
*1 kleine Knoblauchzehe*

***Für die Marinade:***
*2 EL Zitronensaft*
*2 EL Gemüsebrühe*
*Meersalz*
*frisch gemahlener weißer Pfeffer*
*1 EL Sesam*

Das Gemüse abspülen. Die Aubergine in Scheiben schneiden und beidseitig salzen. Zucchini in Scheiben, Paprikaschoten in Streifen, Champignons in Viertel und die Salbeiblätter streifig schneiden. Von den Feta-Würfeln das Öl auffangen, 2 EL davon erhitzen. Paprikastreifen, Auberginen- und Zucchinischeiben, Salbei und Rosmarin darin anbraten. Champignons zufügen und 5 Minuten dünsten. Gemüse aus der Pfanne nehmen und beiseite stellen. Cocktailtomaten halbieren. Basilikum streifig schneiden; geschälten Knoblauch zerdrücken. Gemüse, Cocktailtomaten und Feta-Würfel auf einem Teller anrichten. Aus Zitronensaft, 1½ EL Öl aus dem Feta-Glas, Gemüsebrühe, Meersalz und Pfeffer eine Marinade bereiten. Basilikum und Knoblauch zugeben; über das Gemüse träufeln. Alles mit Sesam bestreuen.

ca. 510 kcal/2135 kJ
pro Portion

# Apfel-Möhren-Rohkost mit Mandelblättchen

▷

• Eiweißgruppe

*2 kleine säuerliche Äpfel (150 g)*
*1 EL Zitronensaft*
*abgeriebene Schale einer unbehandelten Zitrone (ca. ¼ Zitrone)*
*150 g Möhren*

***Für die Salatsauce:***
*100 ml fettarmer Kefir*
*Meersalz*
*weißer Pfeffer*
*1 Prise Cayennepfeffer*

***Zum Bestreuen:***
*1 TL Sonnenblumenkerne, gehackt*
*1 TL Mandelblättchen*

Äpfel schälen, vierteln, das Kerngehäuse entfernen, grob raspeln, mit Zitronensaft und -schale mischen. Möhren abbürsten, ebenfalls raspeln und zu den Äpfeln geben. Für die Salatsauce Kefir und Gewürze verrühren. Sonnenblumenkerne und Mandelblättchen in einer Pfanne ohne Fett unter Wenden hellgelb rösten. Die Salatsauce über die Rohkost geben. Mit Kernen und Mandeln bestreuen.

ca. 180 kcal/750 kJ pro Portion

# Rohkostplatte mit Honig-Dressing

• Kohlenhydratgruppe

*1 Stück Salatgurke (150 g)*
*2 mittelgroße Tomaten*
*2 Möhren (150 g)*
*1 kleine Chicoréestaude (100 g)*
*1 kleiner Kopfsalat*
*50 g Feldsalat*

***Für das Dressing:***
*3 EL saure Sahne*
*1 EL Olivenöl*
*1½ EL Akazienhonig*
*1 Msp. Paprika, edelsüß*
*weißer Pfeffer*
*Meersalz*
*1 Prise Knoblauchpulver*
*2 EL Kräuter, gehackt (Petersilie, Dill, Schnittlauch)*

Gemüse und Salat putzen, waschen und gut abtropfen lassen. Gurke und Tomaten in Scheiben schneiden, Möhren raspeln. Von der Chicoréestaude das untere Ende keilförmig entfernen, die Staude in Ringe schneiden, Salatblätter in mundgerechte Stücke zupfen.
Für das Dressing saure Sahne, Öl, Honig und Gewürze verrühren. Die Salatzutaten mischen, die Sauce darüber verteilen. Mit Kräutern bestreuen.

ca. 165 kcal/690 kJ pro Portion

# Blätter vom Olymp

(für 4 Portionen)

• Eiweißgruppe

*400 g Frischkost-Sauerkraut (aus dem Reformhaus)*
*200 ml Crème fraîche*
*40 g Rosinen*
*50 g geriebener Käse*
*weißer Pfeffer*
*1 Glas Weinblätter (250 g)*
*⅛ l trockener Weißwein*
*40 g Mandeln, gemahlen*
*1 EL hochwertige Margarine zum Braten*
*1 TL Zitronensaft*
*200 g hochwertige kalte Margarine*
*Meersalz*
*weißer Pfeffer*

Frischkost-Sauerkraut kleinschneiden. Mit Crème fraîche, Rosinen und geriebenem Käse mischen; mit Pfeffer würzen. Weinblätter unter kaltem Wasser abspülen, nebeneinander auf ein sauberes Geschirrtuch legen und trockentupfen. Von der Sauerkrautmischung kleine Portionen auf die Weinblätter setzen, jeweils die Seiten zur Mitte einschlagen, dann aufrollen. In eine gut gefettete Auflaufform setzen. Mit etwas Weißwein angießen. Zugedeckt in den vorgeheizten Backofen, untere Schiene, stellen und bei 180 °C 30 Minuten garen. Mandeln in Margarine anrösten, mit restlichem Wein und Zitronensaft ablöschen, die kalte Margarine flöckchenweise einschlagen; würzen. Die Weinblattröllchen mit der Sauce überziehen.

ca. 675 kcal/2825 kJ
pro Portion

# Kichererbsenbällchen

• Kohlenhydratgruppe

*300 g Frischkost-Sauerkraut (aus dem Reformhaus)*
*1 TL Backpulver*
*200 g Kichererbsenmehl*
*1 mittelgroßer süßlicher Apfel (80 g)*
*1 Zwiebel (50 g)*
*1 TL hochwertige Margarine*
*½ TL Meersalz*
*je ¼ TL Cayennepfeffer und Currypulver*
*Butterschmalz zum Braten*

Sauerkraut in einem sauberen Geschirrtuch auspressen und sehr fein schneiden. Sauerkrautsaft, Backpulver und Kichererbsenmehl verrühren und ca. 30 Minuten ruhen lassen. Apfel vierteln, Kerngehäuse entfernen und die Apfelstücke fein hacken. Die Zwiebel schälen, ebenfalls fein hacken und in heißer Margarine anbraten. Mit dem Sauerkraut, Gewürzen und Apfel mischen und unter den Teig rühren. Walnußgroße Bällchen formen und in Butterschmalz bei 175 °C ca. 2 Minuten goldbraun fritieren. Auf Küchenpapier abtropfen lassen. Heiß servieren.

ca. 435 kcal/1820 kJ
pro Portion

**TIP**

Statt Kichererbsenmehl kann auch Weizenvollkornmehl verwendet werden.

# Eierpfanne

▷

• Eiweißgruppe

*1 kleine Zwiebel (30 g)*
*2 Möhren (150 g)*
*je 1 kleines Stück (50 g) Lauch und Knollensellerie*
*1 EL hochwertige Margarine*
*Meersalz*
*weißer Pfeffer*
*je 1 Prise geriebene Muskatnuß und Cayennepfeffer*
*25 g gekochter Schinken*
*30 g Tiefseekrabben*
*je 2 Stiele Dill und Petersilie*
*2 Eier*

Zwiebel schälen und fein würfeln. Gemüse waschen, putzen. Möhren, Lauch und Sellerie in hauchdünne Streifen schneiden. Margarine in einer Pfanne erhitzen, die Zwiebelwürfel darin andünsten; das Gemüse portionsweise zufügen. Unter Wenden 5 Minuten knackig garen. Mit Salz, Pfeffer, Muskat und Cayennepfeffer würzen. Gekochten Schinken streifig schneiden. Zusammen mit den Krabben unter das Gemüse heben. Dill fein schneiden, die Petersilie hacken und beides unter das Gemüse geben. Die Eier auf das Gemüse schlagen und stocken lassen. Sofort servieren.

ca. 220 kcal/920 kJ
pro Portion

# Artischocken mit Eier-Dip

• Eiweißgruppe

*4 kleine Artischocken (je 100 g)*
*Meersalz*
*Saft einer Zitrone*
*2 Eier*
*250 g gewürfelter und gedünsteter Kürbis*
*1 EL Kürbissaft*
*2 EL mittelscharfer Senf*
*⅛ l Sahne*
*abgeriebene Schale einer viertel unbehandelten Zitrone*
*1 Msp. Safran*
*1 Prise Ingwerpulver*
*1 Zweig glatte Petersilie*

Die Artischocken waschen, die Stiele knapp unter der Blüte abschneiden. In einem großen Topf mit etwa ½ l Wasser, Meersalz und 2 EL Zitronensaft ca. 25 Minuten garen. Die Eier hart kochen, abschrecken, pellen und mit Kürbis, Kürbissaft, Senf, Sahne und Zitronensaft pürieren. Den Safran mit 2 Tropfen heißem Wasser auflösen, mit der Zitronenschale in die Eier-Kürbis-Masse rühren. Mit Ingwerpulver abschmecken. Mit gehackter Petersilie garnieren.

ca. 395 kcal/1650 kJ
pro Portion

**TIP**

Achten Sie beim Artischockenkauf auf den richtigen Reifegrad. Die Schale sollte dem Fingerdruck leicht nachgeben, aber noch keine Flecken aufweisen.

# *Fisch-Tellersülze*

▷

(für 4 Portionen)

• Eiweißgruppe

*½ l trockener Weißwein*
*3 EL Zitronensaft*
*3 dicke Zitronenscheiben*
*1 Zweig Thymian*
*½ TL Meersalz*
*2 Lorbeerblätter*
*600 g Lengfischfilet*
*6 Blatt weiße Gelatine*
*2 mittelgroße gekochte Möhren (100 g)*
*2 hartgekochte Eier*
*50 g Tiefseekrabben*
*Kerbel- oder Petersilienblättchen*

Weißwein, ¼ l Wasser, Zitronensaft und -scheiben, Thymian, Meersalz und Lorbeerblätter aufkochen. Das Fischfilet kurz kalt abbrausen und in Streifen von 2 x 5 cm schneiden. Die Fischstreifen in den Sud legen, die Hitze reduzieren und 3-4 Minuten ziehen lassen. Mit dem Schaumlöffel herausheben und abtropfen lassen. Den Sud noch 2 Minuten weiterkochen lassen, dann durch ein feines Sieb seihen. Die eingeweichte, aufgelöste Gelatine unterrühren. In vier tiefe Teller etwas Flüssigkeit gießen (also einen sogenannten Spiegel bilden). Die Fischstücke hineinlegen. Die Möhren mit einem Buntmesser in Scheiben, die gepellten Eier ebenfalls in Scheiben schneiden. Möhren- und Eischeiben mit den Krabben auf dem Spiegel verteilen. Restliche Flüssigkeit darüber gießen. In den Kühlschrank stellen und erstarren lassen. Vor dem Servieren die Tellersülze mit Kerbel oder Petersilienblättchen garnieren.

ca. 295 kcal/1235 kJ
pro Portion

# *Matjesröllchen auf Rote-Bete-Püree*

• Kohlenhydratgruppe

*2 mittelgroße Rote-Bete-Knollen (ca. 180 g)*
*Meersalz*
*1 mittelgroße Zwiebel*
*½ Becher (etwa 85 g) Dickmilch (3,5 % Fett)*
*weißer Pfeffer*
*2 Matjesfilets*
*2 Frühlingszwiebeln*
*1 kg Pellkartoffeln*

Rote Bete säubern, mit Salzwasser bedeckt weich kochen, dann schälen, würfeln und pürieren. Geschälte Zwiebel fein reiben und mit Dickmilch zum Püree geben. Mit den Gewürzen abschmecken und leicht erwärmen. Das Püree auf Teller verteilen, die Matjesfilets dazu anrichten. Mit in Ringen geschnittenen Frühlingszwiebeln bestreuen. Dazu Pellkartoffeln servieren.

ca. 620 kcal/2595 kJ
pro Portion

**TIP**

Rote Bete enthält reichlich Kohlenhydrate – zwar wenig Eiweiß, aber viel Eisen und Kupfer zur Blutbildung, dazu die Vitamine A, B, C und kostbare Folsäure sowie Pantothensäure.

# *Frischkäse-Mousse mit Lachsfarce*

(für 4 Portionen)

• Eiweißgruppe

*2 Becher (je 150 g) Frischkäse (70 % F.i.Tr.)*
*1 Becher (150 g) Joghurt (3,5 % Fett)*
*1 Becher (150 g) saure Sahne (10 % Fett)*
*1 EL Zitronensaft*
*schwarzer Pfeffer*
*1 Päckchen gemahlene Gelatine*
*150 g Räucherlachs*
*100 ml süße Sahne*

***Für die Paprikasauce:***
*2 rote Paprikaschoten (300 g)*
*1 EL Öl*
*1 EL Zitronensaft*
*Meersalz*
*weißer Pfeffer*

***Für die Kräutersauce:***
*125 g frische Kräuter (Dill, Schnittlauch, Petersilie, Kresse), gehackt*
*1 EL Gemüsebrühe*
*2 EL Öl*
*1 TL Senf, mittelscharf*
*Meersalz*
*weißer Pfeffer*

Frischkäse, Joghurt, saure Sahne und Zitronensaft verrühren und mit Pfeffer abschmecken. Gelatine mit 6 EL kaltem Wasser verrühren, quellen lassen, auflösen und unter die Käsemasse rühren. Kalt stellen.
Lachs kleinschneiden und mit der Sahne pürieren. Ebenfalls kalt stellen. Vier runde Förmchen (oder Tassen) mit Frischhaltefolie glatt auslegen. Sobald die Käsemasse zu gelieren beginnt, die Förmchen damit füllen. Mit einem Löffel eine Mulde in die Käsemasse drücken, die Lachsfarce hineingeben und glattstreichen. Im Kühlschrank erstarren lassen. Für die Paprikasauce die Paprikaschoten auf einen Rost unter den heißen Grill legen, bis die Haut Blasen wirft. Dann häuten. Paprika von Stiel und Kernen befreien. Das Fruchtfleisch mit Öl und Zitronensaft pürieren. Mit Salz und Pfeffer abschmecken.
Für die Kräutersauce die Kräuter mit Gemüsebrühe, Öl und Senf pürieren. Mit Salz und Pfeffer abschmecken.
Frischkäse-Mousse stürzen und mit je 1 EL Paprika- und Kräutersauce anrichten.

ca. 600 kcal/2510 kJ
pro Portion

Kräutersauce:
ca. 65 kcal/270 kJ pro Portion

*Abb. S. 45*
*Orangen-Power*
*(Rezept S. 46)*

Drinks

## *Wake me up*

(für 1 Glas)

• Eiweißgruppe

*½ Tasse Sangrita pikante*
*3 EL Rotwein*
*je 2 EL Zitronen- und Orangensaft*
*Meersalz*
*frisch gemahlener weißer Pfeffer*
*2 EL Crème fraîche*
*1 Ei*
*etwas Gartenkresse*
*1 Zweig Zitronenmelisse*

Sangrita pikante, Rotwein, Zitronen- und Orangensaft in einen Mixer geben. Mit Salz und Pfeffer würzen. Crème fraîche und Ei dazugeben und alles durchmixen. Nochmals abschmecken. Kresse grob hacken und unterrühren. In ein gekühltes Glas füllen, mit Zitronenmelisse garnieren.

ca. 340 kcal/1420 kJ

## *Orangen-Power* (Abb. S. 45)

(für 1 Glas)

• Eiweißgruppe

*2 EL Milch*
*1 Ei*
*2 Tropfen Vanille-Essenz*
*1 Kugel Vanilleeis*
*3 EL Sahne*
*1 Kiwischeibe*
*1 Cocktailkirsche*
*1 Zweig Zitronenmelisse*

Milch, Ei, Vanille-Essenz und Eiskrem in einem Mixer kräftig durchschlagen. Die Sahne steifschlagen und vorsichtig unter die Eiskremmasse ziehen. In ein Longdrinkglas füllen. Die Kiwi schälen, in Scheiben schneiden und mit der Cocktailkirsche auf ein Spießchen stecken. In das Glas setzen, mit Zitronenmelisse garnieren. Sofort servieren.

ca. 225 kcal/940 kJ

## *Sanddorn- Drink*

(für 1 Glas)

• Eiweißgruppe

*1 Becher Sahnejoghurt (150 g)*
*3 EL Sanddornsaft, ungezuckert (aus dem Reformhaus)*

Sahnejoghurt und Sanddornsaft in einem Becher verrühren und in ein gekühltes Glas gießen.

ca. 215 kcal/900 kJ

# Kater-Killer

(für 1 Glas)

• Eiweißreich

*100 g Buttermilch*
*100 ml Tomatensaft*
*3 EL frische Gartenkräuter*
*(Dill, Schnittlauch, Kerbel, Petersilie)*
*1 Msp. geriebener Meerrettich (aus dem Reformhaus)*
*schwarzer Pfeffer, Meersalz*
*etwas Paprika edelsüß*

Buttermilch und Tomatensaft verquirlen, die Kräuter fein hacken und untermischen. Drink mit den Würzzutaten abschmecken und servieren.

ca. 65 kcal/270 kJ

▷

# Kressie

(für 1 Glas)

• Eiweißgruppe

*½ Becher (250 g) Kefir (1,5 % Fett)*
*1 Kistchen Gartenkresse*
*1 EL Zitronensaft*
*ein Spritzer Worcestersauce*
*Meersalz*
*weißer Pfeffer*

Gehackte Kresse unter den Kefir rühren. Drink mit Zitronensaft und den Gewürzen abschmecken.

ca. 130 kcal/545 kJ

▷

# Kefir mit Heidelbeeren

(für 1 Glas)

• Kohlenhydratgruppe

*65 g Heidelbeeren (frisch oder tiefgefroren)*
*1 EL Honig*
*250 g gut gekühlter Kefir (1,5 % Fett)*

Heidelbeeren mit den restlichen Zutaten im Mixer pürieren, in ein Glas füllen.

ca. 250 kcal/1050 kJ

# Joghurt mit Johannisbeersaft

(für 1 Glas)

• Eiweißgruppe

*1 Becher Sahnejoghurt (150 g)*
*5 EL schwarzen Johannisbeersaft*

Zutaten mischen, in ein gekühltes Trinkglas geben.

ca. 225 kcal/945 kJ

# Fitneß-Cocktail

(für 1 Glas)

• Eiweißgruppe

*100 ml Tomatensaft*
*1 Becher Mager-Joghurt (150 g)*
*1 Eigelb*
*Meersalz*
*weißer Pfeffer*
*1 Prise Cayennepfeffer*
*1 TL gehackte Petersilie*
*1 TL Schnittlauchröllchen*
*1 TL Zitronenmelisseblättchen, gehackt*
*⅛ l Heilwasser*
*1 Kräuterzweig zum Garnieren*

Den Tomatensaft, Joghurt und Eigelb im Mixer pürieren. Mit Salz, Pfeffer und Cayennepfeffer gut abschmecken. Petersilie, Schnittlauch und Zitronenmelisse unterrühren.
In ein großes gekühltes Glas gießen, mit Heilwasser auffüllen. Mit Kräuterzweigen garnieren.

ca. 155 kcal/650 kJ

# Heidelbeer-Buttermilch

(für 1 Glas)

• Kohlenhydratgruppe

*ca. 65 g Heidelbeeren*
*1 EL Honig*
*250 g Buttermilch*
*2 TL gehackte Haselnüsse*

Heidelbeeren, Honig und Buttermilch pürieren, mit Haselnüssen bestreuen.

ca. 250 kcal/1050 kJ

# Kefir Morgenröte

(für 1 Glas)

• Eiweißgruppe

*¼ Becher (125 g) fettarmer Kefir*
*1 kleine Schalotte, gehackt*
*1 Spritzer Tabascosauce*
*1 Prise Knoblauchpulver*
*Meersalz*
*schwarzer Pfeffer*
*Paprika, edelsüß*
*⅛ l gut gekühlter Tomatensaft*

Alle Zutaten gut verrühren und pikant abschmecken. In ein gut gekühltes Glas füllen. Sofort servieren.

ca. 95 kcal/395 kJ

**TIP**

Kefir ist, außer Käse, das einzige Milchprodukt, das seinen Geschmack während der Haltbarkeitszeit noch entwickelt. Deshalb warten, bis das aufgedruckte Haltbarkeitsdatum fast erreicht ist: Wenn sich der Deckel wölbt, ist der Kefir reif. Er prickelt und moussiert etwas.

# *Gemüsebuttermilch*

▷

(für 1 Glas)

• Eiweißgruppe

*150 g Buttermilch*
*100 ml Gemüsesaft oder Gemüsetrunk*
*1 TL (5 g) Zitronensaft*
*1 Msp. Meerrettich, gerieben (aus dem Reformhaus)*
*weißer Pfeffer*
*Meersalz*

Alle Zutaten in einem Becher gut verquirlen, pikant abschmecken. In ein gekühltes Glas gießen und sofort servieren.

ca. 95 kcal/400 kJ

# *Tomatenkefir*

▷

(für 1 Glas)

• Eiweißgruppe

*150 g fettarmer Kefir*
*100 g pürierte Tomaten*
*etwas Knoblauchpulver*
*1 TL Zitronensaft*
*Meersalz*
*weißer Pfeffer*
*1 EL Schnittlauchröllchen*
*1 Party-Tomate*

Alle Zutaten bis auf die Party-Tomate im Mixer kräftig pürieren. Den Drink pikant abschmecken und in ein Glas füllen. Mit der Party-Tomate garnieren.

ca. 95 kcal/400 kJ

# *Pfirsich-Kefir*

▷

(für 1 Glas)

• Eiweißgruppe

*75 g frischer Pfirsich*
*1 TL Zitronensaft*
*150 g fettarmer Kefir*

Pfirsichstück würfeln, zusammen mit den anderen Zutaten im Mixer kräftig pürieren. In ein gut gekühltes Glas füllen.

ca. 105 kcal/440 kJ

# *Johannisbeerdrink*

△

(für 1 Glas)

- Eiweißgruppe

*75 g rote Johannisbeeren*
*1 TL Zitronensaft*
*150 g fettarmer Kefir*

Die Johannisbeeren abbrausen, von den Stielen streifen und 5 Beeren für die Garnierung beiseite legen. Restliche Beeren mit Zitronensaft und Kefir in den Mixer geben und kräftig durchmixen. Den Drink in ein gekühltes Glas füllen und mit Johannisbeeren garnieren.

ca. 105 kcal/440 kJ

# *Erdbeermix* (Abb. S. 53)

(für 1 Glas)

• Eiweißgruppe

*150 g Erdbeeren*
*¼ l Milch*

Erdbeeren abbrausen, die Blütenstiele entfernen; im Mixer mit der Milch pürieren. In ein gekühltes Glas geben. Sofort servieren.

ca. 205 kcal/860 kJ

# *Mango-Pfirsich-Milch* (Abb. S. 53)

(für 1 Glas)

• Eiweißgruppe

*1 Pfirsich*
*1 kleine Mango*
*⅛ l Milch*

Fruchtfleisch mit der Milch im Mixer pürieren. In ein gekühltes Glas füllen, sofort servieren.

ca. 210 kcal/880 kJ

# *Gurken-Joghurt-Drink*

(für 1 Glas)

• Eiweißgruppe

*200 g Salatgurke*
*1 Becher (180 g) Sahne-Joghurt*
*Meersalz, weißer Pfeffer*
*Schnittlauchröllchen*

Salatgurke abspülen und im Mixer pürieren. Mit Sahne-Joghurt mischen und Gewürzen abschmecken. In ein gekühltes Glas geben. Mit Schnittlauchröllchen bestreuen.

ca. 240 kcal/1008 kJ

# *Bananen-Drink*

(für 1 Glas)

• Kohlenhydratgruppe

*1 kleine reife Banane*
*1 Eigelb, 1 TL Honig*
*2 Tropfen Vanille-Essenz*
*½ Tasse Sahne*
*½ Tasse Wasser*
*einige frische Minzblätter*

Zutaten im Mixer pürieren. In einem Glas mit Minze anrichten.

ca. 380 kcal/1590 kJ

*Abb. S. 55*
*Geflügelbrühe mit Eierstich*
*(Rezept S. 56)*

# Suppen

# Hühnerbrühe mit pochierten Eiern

▷

• Eiweißgruppe

*1 Möhre (100 g)*
*100 g Lauch*
*¼ l Hühnerbrühe*
*2 Tropfen Sojasauce*
*1 kleine Frühlingszwiebel*
*30 g frische Sojasprossen*
*weißer Pfeffer*

***Für die pochierten Eier:***
*½ l Wasser*
*100 ml Weißwein*
*Meersalz*
*2 Eier*

Das Gemüse putzen und kleinschneiden. Hühnerbrühe und Sojasauce erhitzen. Die Möhre und den Lauch darin 8 Minuten garen. In Ringe geschnittene Frühlingszwiebel und Sojasprossen zufügen. 2 Minuten ziehen lassen. Abschmecken. Wasser, Wein und Salz erhitzen; jeweils 1 Ei in eine Suppenkelle schlagen und vorsichtig in die Weinflüssigkeit gleiten lassen, so daß sich dabei das Eiweiß um das Eigelb hüllt, und stocken lassen. Herausheben und in der Brühe anrichten.

ca. 133 kcal/555 kJ
pro Portion

# Geflügelbrühe mit Eierstich *(Abb. S. 55)*

• Eiweißgruppe

*¾ l Geflügelbrühe, frisch gekocht*
*1 Hähnchenbrust (300 g) mit Knochen*
*1 kleine Zwiebel (30 g)*
*2 weiße Pfefferkörner*
*1 Prise Currypulver*

***Für die Einlage:***
*1 Möhre (100 g)*
*1 kleine Stange Lauch (100 g)*

***Für den Eierstich:***
*2 Eier*
*2 EL Sahne*
*2 EL Geflügelbrühe*
*Meersalz, weißer Pfeffer*
*1 Prise geriebene Muskatnuß*
*1 EL tiefgefrorene Kräuter*
*½ TL Tomatenmark*

Hühnerbrühe erhitzen, die Hähnchenbrust hineingeben. Geschälte, geviertelte Zwiebel mit den Pfefferkörnern und dem Curry in die Brühe geben. 20 Minuten zugedeckt sieden lassen. Inzwischen das Gemüse waschen und putzen. In streichholzdicke Streifen schneiden und in Salzwasser 2 Minuten blanchieren. Abgießen. Für den Eierstich Eier, Sahne und Geflügelbrühe verquirlen, würzen und durch ein Sieb gießen. Die eine Hälfte mit Kräutern, die andere Hälfte mit Tomatenmark verrühren. In zwei gebutterte feuerfeste Förmchen füllen und zugedeckt im heißen Wasserbad entweder im Backofen bei 160 °C oder im Topf auf der Herdplatte 15 Minuten stocken lassen. Stürzen, in Scheiben, dann in Würfel schneiden oder Formen ausstechen. Hühnerbrühe durchseihen. Das Fleisch vom Knochen lösen und in Streifen schneiden. Zusammen mit dem Gemüse und dem Eierstich in die Brühe geben.

ca. 350 kcal/1465 kJ
pro Portion

# Klare Kartoffelsuppe

▷

• Kohlenhydratgruppe

*2 Zwiebeln (80 g)*
*½ Bund Suppengrün*
*1 l vegetarische Brühe (Instant)*
*1 Lorbeerblatt*
*4 Rosmarinnadeln*
*5 g getrocknete Steinpilze*
*250 g kleine Kartoffeln*
*150 g Zucchini*
*80 g Möhren*
*weißer Pfeffer*
*2 Eigelb*
*einige Basilikumblätter*

Zwiebeln schälen, halbieren; Suppengrün putzen, waschen, grob schneiden. Zwiebeln mit der Schnittfläche nach unten in einen Topf legen und goldgelb rösten. Geputztes Suppengrün zufügen und ebenfalls anrösten. Brühe zugießen, sprudelnd aufkochen.
Lorbeerblatt, Rosmarinnadeln und die abgespülten Pilze zugeben. Bei geringer Hitze 15 Minuten zugedeckt garen.
Kartoffeln, Zucchini und Möhren waschen, putzen, in dünne Scheiben, bzw. Streifen schneiden. Die Brühe durch ein feines Sieb gießen und erhitzen. Das Gemüse hineingeben; bei geringer Hitze 10-12 Minuten garziehen lassen. Die Brühe darf nicht kochen, da die Kartoffelscheiben sonst zerfallen und die Brühe trübe wird. Mit Pfeffer abschmecken.
In zwei Teller verteilen; in jeden Teller ein rohes Ei geben. Mit Basilikumblättchen bestreuen.

ca. 255 kcal/1065 kJ
pro Portion

# Kartoffelsuppe mit Räucherforelle

• Kohlenhydratgruppe

*1 kleines Stück Lauch (50 g)*
*1 Möhre (50 g)*
*1 Zwiebel (50 g)*
*10 g Butter*
*½ l vegetarische Brühe (Instant)*
*400 g mehlige Kartoffeln*
*Meersalz, weißer Pfeffer*
*1 Prise geriebene Muskatnuß*
*einige Blättchen frischer Majoran*
*1 Eigelb*
*½ Becher (ca 85 g) Sahne-Dickmilch (10 % Fett)*
*70 g geräuchertes Forellenfilet*

Lauch und Möhren waschen, putzen und kleinschneiden. Zwiebel schälen und fein hacken. Das Gemüse in Butter anbraten, bis die Zwiebelwürfel glasig sind. Kartoffeln schälen, in Würfel schneiden und zum Gemüse geben.
Dann die Brühe zugießen und das Ganze aufkochen. Alles etwa 20 Minuten kochen, bis die Kartoffelstückchen sehr weich sind. Die Suppe pürieren und mit den Gewürzen abschmecken. Nochmals erhitzen und das in mundgerechte Stücke zerteilte Forellenfilet hineingeben.
Eigelb mit Sahne-Dickmilch verquirlen, Suppe damit legieren.

ca. 370 kcal/1540 kJ
pro Portion

# Herrensuppe

▷

• Eiweißgruppe

*250 g magere Querrippe*
*50 g Suppengrün*
*1 kleines Stück Lorbeerblatt*
*Meersalz*
*je 80 g Hühnermägen und -leber*
*2 Eier*
*100 g Kerbel*

Querrippe, Suppengrün und Lorbeerblatt in ¾ l kaltem Salzwasser aufsetzen, aufkochen und 60 Minuten im offenen Topf köcheln lassen. Hühnermägen zufügen, 45 Minuten weiterkochen. Hühnerleber 5 Minuten mitkochen. Rippenfleisch, Mägen und Leber herausnehmen und kleinschneiden. Eier mit etwas Brühe verrühren und in die Suppe rühren. Fleisch und Innereien dazugeben. Mit reichlich Kerbel anrichten.

ca. 410 kcal/1715 kJ pro Portion

# Brunnenkressesuppe

• Kohlenhydratgruppe

*200 g Brunnenkresse*
*250 g Kartoffeln (mehlig kochende Sorte)*
*1 kleine Zwiebel (30 g)*
*½ l Gemüsebrühe*
*Meersalz, weißer Pfeffer*
*1½ EL Butter*

Brunnenkresseblättchen von den Stielen zupfen, gründlich abbrausen und abtropfen lassen. Geschälte Kartoffeln und Zwiebel grob hacken und in heißer Brühe zugedeckt 20 Minuten garen.
10 Minuten vor Ende der Garzeit die Brunnenkresseblättchen zufügen. Die Suppe pürieren, nochmals erhitzen. Mit Salz und Pfeffer abschmecken. Die Butter einrühren und sofort servieren.

ca. 230 kcal/960 kJ pro Portion

# Kalte Kefir-Suppe

• Neutrales Gericht

*100 g Möhren*
*50 g Lauch*
*1 kleine Schalotte (20 g)*
*1 kleine Petersilienwurzel*
*½ Becher (250 g) Kefir (1,5 % Fett)*
*1 Eigelb*
*Meersalz, weißer Pfeffer*
*einige Tropfen Suppenwürze*
*2 EL Schnittlauchröllchen*

Gemüse grob schneiden. In ⅛ l gesalzenem Wasser 15 Minuten garen. Gemüse pürieren, im Wasserbad abkühlen lassen. Kefir mit dem Eigelb verrühren und in die Suppe rühren. Abschmecken. Mit Schnittlauch bestreuen.

ca. 135 kcal/656 kJ pro Portion

# Feine Kürbissuppe mit Hähnchenbruststreifen ▷

• Eiweißgruppe

*1 Hähnchenbrust mit Knochen (300 g)*
*2 Zwiebeln (80 g)*
*1 Gewürznelke*
*Meersalz*
*1 kleines Stück Lorbeerblatt*
*1 Päckchen tiefgefrorenes Suppengrün (50 g)*
*400 g Kürbis*
*1 kleines Stück Lauch (70 g)*
*1 TL Butter*
*½ l Gemüsebrühe (Instant)*
*weißer Pfeffer*
*2 EL süße Sahne*
*10 g Kerbel*

Hähnchenbrust, eine geschälte, geviertelte Zwiebel, Gewürze und Suppengrün mit Wasser bedeckt in einem Topf aufkochen. Die Hitze reduzieren, 25 Minuten zugedeckt garziehen lassen. Zwischendurch abschäumen. Kürbis entkernen, schälen, das Fruchtfleisch würfeln. Restliche Zwiebel schälen, fein würfeln, Lauch in dünne Ringe schneiden und in Butter 5 Minuten dünsten. Mit Gemüsebrühe (Instant) auffüllen. 15 Minuten köcheln lassen und pürieren. Mit Pfeffer und Salz würzen. Die pochierte Hähnchenbrust von Knochen und Haut befreien. Das Fleisch schräg in schmale Streifen schneiden. Die Sahne schlagen, in die Suppe geben. Die Hähnchenbruststreifen in der Suppe anrichten. Mit Kerbel garnieren.

ca. 300 kcal/1255 kJ
pro Portion

# Bunte Kürbissuppe

• Kohlenhydratgruppe

*400 g Kürbis*
*2 mehlig kochende Kartoffeln (100 g)*
*je ½ kleine rote, grüne und gelbe Paprikaschote (200 g)*
*1 kleine Zwiebel (30 g)*
*2 EL Olivenöl*
*Meersalz, weißer Pfeffer*
*1 Msp. Koriander*
*knapp ¾ l Gemüsebrühe (Instant)*
*einige Basilikumblätter*
*5 g Butterschmalz*

Kürbis und Kartoffeln schälen; Kürbiskerne entfernen und beiseite legen. Kürbis und Kartoffeln würfeln. Paprikaschoten waschen, putzen, vierteln, Stengelansätze und weiße Kerne entfernen. Die Paprikaschotenstücke in Streifen schneiden. Zwiebel schälen und fein würfeln.
Öl in einem Topf erhitzen, die Zwiebelwürfel darin glasig werden lassen. Kürbis- und Kartoffelwürfel und Paprikaschotenstreifen portionsweise zufügen. Unter Wenden andünsten. Mit Salz, Pfeffer und Koriander würzen. Mit der Brühe aufgießen. Zugedeckt 10-12 Minuten garen. Basilikumblätter grob schneiden und zum Gemüse geben. Die Kürbiskerne abspülen und trockentupfen. In einer Pfanne in heißem Butterschmalz unter Wenden knusprig rösten. Über das Gericht streuen.

ca. 280 kcal/1170 kJ
pro Portion

# *Russischer Borschtsch mit Hähnchenfleisch*

▷

• Eiweißgruppe

*250 g rote Bete*
*Meersalz*
*2 EL Öl*
*200 g Sauerkraut (aus dem Reformhaus)*
*250 ml Gemüsebrühe (Instant)*
*1 Stück Lorbeerblatt*
*2 gebratene Hähnchenschenkel (je 150 g)*
*2 Frühlingszwiebeln (50 g)*
*2 EL saure Sahne*

Rote Bete putzen, in Salzwasser zugedeckt 30 Minuten garen. Öl erhitzen, das zerpflückte Sauerkraut darin andünsten; Brühe auffüllen, Lorbeerblatt zugeben. Zugedeckt 20 Minuten garen. Rote Bete kalt abschrecken, schälen und würfeln und mit dem Sauerkraut (Lorbeerblatt entfernen) mischen. Das Hähnchenfleisch von den Knochen lösen, in Stücke schneiden. Unter die Sauerkraut-rote-Bete-Mischung mischen. Nochmals 5 Minuten köcheln lassen. Frühlingszwiebeln in Ringe schneiden und unter die Suppe geben. Zum Anrichten saure Sahne einrühren.

ca. 345 kcal/1445 kJ
pro Portion

# *Sauerkrautsuppe mit Kabanossi*

• Neutrales Gericht

*125 g geräucherter durchwachsener Speck*
*1 kleine Zwiebel (30 g)*
*1 Knoblauchzehe*
*375 ml Fleischbrühe*
*220 g frisches Sauerkraut (aus dem Reformhaus)*
*1 kleine grüne Paprikaschote (100 g)*
*1 TL Paprika, edelsüß*
*2 Tropfen Tabascosauce*
*Meersalz*
*125 g Kabanossi*
*2 EL Crème fraîche (30 % Fett)*

Den Räucherspeck fein würfeln. Zwiebel und Knoblauchzehe kleinschneiden. Speck anbraten, Zwiebel- und Knoblauchzehe darin glasig dünsten. Mit der Fleischbrühe auffüllen und aufkochen. Das Sauerkraut zufügen. Alles zugedeckt 30 Minuten köcheln lassen. Die Paprikaschote waschen, putzen, Kerne und Stiel entfernen. Das Fruchtfleisch in Streifen schneiden. Zur Suppe geben. Mit Paprikapulver, Tabasco und Salz würzen. Die Kabanos in dünne Scheiben schneiden und unter die Suppe heben. 10 Minuten ziehen lassen. Crème fraîche einrühren.

ca. 670 kcal/2800 kJ
pro Portion

# Möhren-Tee-Suppe

▷

- Neutrales Gericht

*2 EL Früchtetraum-Tee*
*200 g Möhren*
*1 kleine Zwiebel*
*1 kleines Stück Lauch (100 g)*
*2 Stiele Liebstöckel*
*1 EL Butter*
*1 kleines Stück Lorbeerblatt*
*1 Gewürznelke*
*2 EL Crème fraîche*
*Meersalz*

Den Tee mit knapp ½ l kochendem Wasser aufgießen und 5 Minuten ziehen lassen. Möhren und Zwiebel schälen und würfeln. Lauch waschen, putzen und in dünne Ringe schneiden. Liebstöckel abbrausen, Blättchen von den Stielen zupfen, einige zurückbehalten. Butter erhitzen, Möhren, Zwiebel und Liebstöckel darin anschwitzen. Mit Tee ablöschen, Lorbeerblatt und Nelke zufügen. Etwa 15 Minuten köcheln lassen. Lorbeerblatt und Nelke entfernen.
Das Gemüse mit dem Schneidestab eines Handrührgerätes pürieren. Crème fraîche einrühren und die Suppe mit Salz abschmecken. Mit Liebstöckelblättchen garnieren.

ca. 165 kcal/690 kJ
pro Portion

# Zwiebelsuppe

- Eiweißgruppe

*250 g Zwiebeln*
*25 g Butter*
*50 ml trockener Weißwein*
*1 kleine Knoblauchzehe*
*½ l Gemüsebrühe (Instant)*
*50 g geriebener Gruyère (45 % F.i.Tr.)*
*weißer Pfeffer*
*Meersalz*
*geriebene Muskatnuß*
*1 Becher Crème fraîche*
*1 TL Schnittlauchröllchen*

Die Zwiebeln schälen und in feine Ringe schneiden. Die Butter in einem Topf erhitzen und die Zwiebeln darin 10 Minuten bei mittlerer Hitze dünsten. Ab und zu umrühren. Dann mit Wein ablöschen, die zerdrückte Knoblauchzehe hinzugeben und alles mit der Brühe auffüllen. Die Suppe aufkochen, dann die Hitze reduzieren. Den Käse hinzufügen und unter Rühren schmelzen lassen. Suppe mit Pfeffer, Salz und Muskatnuß abschmecken. Einige Minuten ziehen lassen. Crème fraîche unterziehen. Mit Schnittlauchröllchen bestreuen.

ca. 460 kcal/1925 kJ
pro Portion

**TIP**

Wenn Sie mögen, können Sie 50 g Tofu würfeln, diese in 1 TL Butterschmalz goldgelb braten und über die Suppe verteilen.

# Zucchinicremesuppe mit Minze

▷

- Eiweißgruppe

*1 kleine Zwiebel (30 g)*
*1 kleine Knoblauchzehe*
*250 g Zucchini*
*2 Tomaten, gehäutet*
*125 g Putenbrustfilet*
*2 EL Olivenöl, Salz*
*¼ l Gemüsebrühe (Instant)*
*100 ml Sahne, Pfeffer*
*1 Prise Cayennepfeffer*
*2 EL Zitronensaft*
*etwas angerührtes Agar-Agar*
*2 Stiele frische Minze*

Zwiebel und Knoblauchzehe sehr fein hacken. Zucchini und Tomaten würfeln. Das Putenbrustfilet in feine Stücke schneiden. Fleisch leicht salzen und in Olivenöl rundherum hell anbraten. Zwiebel-Knoblauchmischung zufügen. Zucchini- und Tomatenstücke zugeben und kurz andünsten. Mit Brühe auffüllen. Zugedeckt 10 Minuten köcheln lassen. Sahne unterrühren. Mit Salz, Pfeffer, Cayennepfeffer und Zitronensaft abschmekken. Mit dem angerührten Agar-Agar leicht binden. Grob geschnittene Minze in die Suppe streuen.

ca. 395 kcal/1650 kJ
pro Portion

# Kalte Buttermilch-Gurken-Suppe

- Neutrales Gericht

*300 g Salatgurke*
*375 g Buttermilch*
*½ Bund Dill*
*1 kleine Knoblauchzehe*
*weißer Pfeffer, Meersalz*

Die Gurke schälen, fein raspeln, etwa 30 Minuten auf einem Sieb abtropfen lassen. Dann die Buttermilch unterschlagen, den feingeschnittenen Dill und die fein zerdrückte Knoblauchzehe unterheben. Mit Pfeffer und Salz würzen.

ca. 85 kcal/355 kJ
pro Portion

# Rote-Bete-Kaltschale

- Neutrales Gericht

*250 g rote Bete*
*1 kleine Zwiebel (30 g)*
*½ Becher (250 g) Kefir (1,5 % Fett)*
*weißer Pfeffer, Meersalz*
*geriebene Muskatnuß*
*1 EL Dickmilch (10 % Fett)*

Rote Bete in Salzwasser zugedeckt 30 Minuten garen. Abkühlen lassen, schälen und grob würfeln. Zwiebel schälen. Zusammen mit roter Bete und Kefir im Mixer pürieren, würzen. Gekühlt mit je einem Klecks Dickmilch servieren.

ca. 145 kcal/605 kJ
pro Portion

# Apfelweinsuppe mit Schneeklößchen

▷

• Eiweißgruppe

*1 Mango (250 g)*
*½ l Apfelwein*
*1 Zimtstange*
*1 Prise Meersalz*
*Schale und Saft einer halben unbehandelten Zitrone*
*1 TL Agar-Agar*
*1 Eigelb*

***Für die Schneeklößchen:***
*2 Eiweiß*

Mango halbieren, entsteinen und pürieren. Apfelwein und Zimtstange aufkochen. Mit Salz, abgeriebener Zitronenschale und -saft würzen. Zimtstange entfernen. Mangofruchtpüree einrühren. Agar-Agar in wenig Wasser verrühren und die Suppe damit binden. Die Suppe mit Eigelb legieren. Nicht mehr kochen lassen! Für die Klößchen Eiweiß sehr steif schlagen. Wasser in einem großen Topf aufkochen. Mit zwei Teelöffeln vom Eischnee kleine Nocken abstechen und diese auf die Wasseroberfläche setzen. Zugedeckt garziehen lassen. Herausheben, abtropfen und zum Servieren auf die Apfelweinsuppe setzen.

ca. 245 kcal/1025 kJ
pro Portion

# Kaltschale mit Quarkklößchen

• Eiweißgruppe

*je 100 g Zucchini und Aprikosen*
*150 ml Apfelsaft*
*1 Msp. Zimt*
*100 Magerquark*
*1 Msp. abgeriebene Zitronenschale*
*50 g Himbeeren*
*Zitronenmelisseblättchen*

Zucchini und Aprikosen abspülen. Zucchini schälen und in Stücke schneiden. Aprikosen halbieren, entsteinen und achteln. Beides in Apfelsaft kurz weichdünsten. Im Mixer pürieren, mit Zimt würzen, kalt stellen. Vor dem Servieren den Quark mit Zitronenschale verrühren. Mit zwei Teelöffeln Nocken abstechen und auf der Suppe anrichten. Mit Himbeeren und Zitronenmelisseblättchen garnieren.

ca. 120 kcal/500 kJ
pro Portion

**TIP**

Zum Abstechen der Quarkklößchen die Löffel etwas anfeuchten.

# *Obstkaltschale mit Buttermilch*

• Eiweißgruppe

*1 Packung tiefgefrorener Beerencocktail (300 g)*
*1 Becher Buttermilch (500 g)*
*2 kleine Eigelb*
*2 EL Mandelblättchen*
*1 EL Kokosraspel*
*frische Minzeblättchen*

Beerencocktail in einer Schüssel antauen lassen. Mit Buttermilch und Eigelb verrühren. Mandelblättchen und Kokosraspel in einer Pfanne ohne Fett unter Wenden leicht rösten. Zum Servieren über die Suppe streuen. Mit frischer Minze garnieren.

ca. 330 kcal/1380 kJ
pro Portion

*Abb. S. 73*
*Kapuzinerkresse-Salat mit Schnittlauch-Dressing*
*(Rezept S. 74)*

Salate

# *Sauerampfersalat mit Krabben*

▷

• Eiweißgruppe

*75 g junge Sauerampferblätter*
*1 Stück Salatgurke (150 g)*
*100 g Tomaten*
*100 g Tiefseekrabben*
*1 EL Zitronensaft*
*1 Becher (175 g) Sahne-Dickmilch (10 % Fett)*
*½ TL geriebener Meerrettich*
*einige Blättchen Kerbel und Zitronenmelisse*
*weißer Pfeffer, Meersalz*
*pikante Apfelfruchtwürze (aus dem Reformhaus)*

Sauerampferblätter abbrausen, abtropfen lassen. Die Gurke schälen, der Länge nach halbieren, die Kerne entfernen und in dünne Scheiben, gewaschene Tomaten in schmale Spalten schneiden. Beides mit etwas Zitronensaft beträufeln. Krabben und Sauerampfer locker mischen; Sahne-Dickmilch, restlichen Zitronensaft und Meerrettich glattrühren. Kräuter fein hacken und untermischen. Mit Pfeffer, wenig Salz und pikanter Apfelfruchtwürze abschmecken. Dressing separat dazu servieren.

ca. 180 kcal/755 kJ pro Portion

**TIP**

Sauerampfer wächst überall auf Wiesen und an Wegrändern. Er enthält viel Vitamin C. Er regt die Verdauung an und fördert die Blutbildung. Verwendet werden junge Blätter, die vor der Blüte (März bis Mai) gepflückt werden.

# *Kapuzinerkresse-Salat mit Schnittlauch-Dressing* (Abb. S. 73)

• Eiweißgruppe

*ca. 50 g frische Kapuzinerkresseblätter (ohne Stengel)*
*4 Kapuzinerkresseblüten*
*etwas Essigwasser*
*75 g Graved Lachs*
*gemahlener weißer Pfeffer*
*½ Becher (85 g) Sahne-Dickmilch (10 % Fett)*
*50 ml Buttermilch*
*1 Tl Zitronensaft, Meersalz*
*2 EL Schnittlauchröllchen*

Kapuzinerkresseblätter abspülen, die Blüten in kaltes, mit Essig gemischtes Wasser legen, abtropfen lassen und zwei Teller mit den Blättern und Blüten dekorieren. Lachs fein hacken, jeweils in die Mitte des Tellers setzen und mit Pfeffer bestreuen. Sahne-Dickmilch, Buttermilch und Zitronensaft, Pfeffer, Salz und Schnittlauchröllchen verrühren und darübergeben.

ca. 150 kcal/625 kJ pro Portion

**TIP**

Kapuzinerkresse ist kein einheimisches Gewächs. Bei uns wird sie vor allem als Zierpflanze kultiviert. Die Blätter, Blüten und die jungen Samen sind eßbar. Die Blätter schmecken rettichartig, pfeffrig.

# Bunter Salatteller

- Eiweißgruppe

*4 sehr kleine Artischocken (ca. 200 g)*
*½ kleiner Eisbergsalat (150 g)*
*3 Frühlingszwiebeln (100 g)*
*1 gelbe Paprikaschote*
*100 g Partytomaten*
*100 g Zuckerschoten*
*125 g frische Aprikosen*
*50 g Walnußkerne*
*100 g Edamer Käse (40 % F.i.Tr.), gestiftelt*

***Für das Dressing:***
*½ Becher saure Sahne (75 g)*
*1 TL Tomatenmark*
*1 TL Sherry*
*Meersalz*
*weißer Pfeffer, frisch gemahlen*

Artischocken in kochendes, gesalzenes Wasser geben und ca. 20 Minuten zugedeckt garen. Inzwischen den Salat, Frühlingszwiebeln, Paprikaschote und Tomaten abspülen; Salat in Streifen, Frühlingszwiebeln in Ringe schneiden, Paprikaschote halbieren, entstielen und entkernen und in Streifen schneiden, Tomaten halbieren. Zuckerschoten kurz blanchieren. Aprikosen halbieren und entsteinen. Die Artischocken aus dem Wasser nehmen, abtropfen lassen, die groben Blätter rundherum entfernen; die Artischocken halbieren. Alle Zutaten und die Nüsse in eine Schüssel geben; die Käsestifte darauf verteilen. Für das Dressing die saure Sahne, Tomatenmark und Sherry verrühren, mit Salz abschmecken und über dem Salat verteilen.

ca. 595 kcal/2490 kJ pro Portion

# Belgischer Chicoréesalat

- Eiweißgruppe

*300 g Chicorée*
*120 g Tomaten*
*100 g Emmentaler*
*2 hartgekochte Eier*

***Für die Marinade:***
*4 EL Zitronensaft*
*1 TL Senf*
*Meersalz*
*weißer Pfeffer*
*3 EL Pflanzenöl*

Chicorée putzen, mit einem spitzen Messer am unteren Ende den Keil herauslösen. Die Chicoréekolben je nach Größe längs in Achtel oder Viertel schneiden. Tomaten abspülen, achteln, die Stengelansätze entfernen. Käse in Streifen schneiden, Eier achteln. Diese Zutaten in einer Schüssel anrichten.
Für die Marinade Zitronensaft, Gewürze und Öl verrühren und über den Salat gießen. 30 Minuten kühl stellen.

ca. 465 kcal/1945 kJ pro Portion

# Griechischer Bauernsalat

▷

• Eiweißgruppe

*2 Tomaten (100 g)*
*je ½ rote und grüne Paprikaschote (150 g)*
*2 Stiele glatte Petersilie*
*1 kleiner Kopfsalat*
*1 kleine Salatgurke (200 g)*
*1 hartgekochtes Ei*
*1 Zwiebel (60 g)*
*½ Glas Feta-Käsewürfel in Öl (150 g)*
*1 TL Senf*
*3 EL Zitronensaft*
*Meersalz*
*weißer Pfeffer*
*5 schwarze Oliven*

Tomaten, Paprika und Petersilie abspülen. Tomaten achteln, Paprikaschoten in Streifen schneiden, Petersilie hacken. Kopfsalat putzen, abbrausen. In mundgerechte Stücke zupfen. Salatgurke schälen und in kleine Stücke schneiden. Eier achteln. Zwiebel schälen und in Ringe schneiden. Feta-Würfel in ein Sieb gießen und das Öl auffangen. Senf mit 100 ml dieses Öls, Zitronensaft, Salz, Pfeffer und Petersilie verrühren und abschmecken. Alle Salatzutaten auf einer Platte verteilen. Die Feta-Käsewürfel, Eier und Oliven obenauf geben. Die Salatmarinade darübergießen.

ca. 770 kcal/3220 kJ
pro Portion

# Roastbeefsalat

• Eiweißgruppe

*150 g Roastbeef*
*je 1 kleine rote und gelbe Paprikaschote (150 g)*
*3 Selleriestangen (100 g)*
*1 Stück Salatgurke (150 g)*
*1 Glas Feta-Käsewürfel in Öl (150 g)*
*1 EL Crème fraîche*
*2 EL Zitronensaft*
*Meersalz, weißer Pfeffer*
*½ Bund glatte Petersilie*
*1 hartgekochtes Ei*

Das Roastbeef in feine Streifen schneiden. Paprikaschoten, Stangensellerie und Salatgurke waschen, putzen. Paprikaschoten vierteln, Kerne und Stiel entfernen; die Paprikaschoten in Streifen schneiden. Selleriestangen in Ringe und Salatgurke in Streifen schneiden. Alle Zutaten mischen. Feta-Käsewürfel in ein Sieb geben, (Öl auffangen) und gut abtropfen lassen, dann unter die Zutaten heben. Eine Marinade aus 5 EL des abgetropften Öls mit Crème fraîche und Zitronensaft bereiten. Mit Salz und Pfeffer verrühren, über den gemischten Salat geben. Mit Petersilie und geachteltem Ei garnieren.

ca. 710 kcal/2970 kJ
pro Portion

# Hähnchenfilets auf Salat mit Apfeldressing ▷

• Eiweißgruppe

*2 Hähnchenfilets (200 g)*
*1 EL Öl*
*Meersalz*
*50 g Cashewkerne*
*einige Blätter Frisée und Lollo Rosso*
*50 g Alfalfa-Sprossen*

***Für das Dressing:***
*2 EL Apfelsaft*
*2 EL Zitronensaft*
*2 EL Walnußöl*
*weißer Pfeffer*
*1 kleine Zwiebel (30 g)*
*½ kleiner säuerlicher Apfel*

Hähnchenfilets trockentupfen, in Öl beidseitig anbraten. Zugedeckt 10 Minuten fertig braten, leicht salzen und beiseite stellen. Cashewkerne in einer beschichteten Pfanne goldgelb rösten, abkühlen lassen. Salat und Alfalfasprossen getrennt abbrausen, trockenschleudern, Salat in mundgerechte Stücke zupfen. Für das Dressing alle flüssigen Zutaten verrühren und würzen. Zwiebel schälen und fein würfeln. Apfel achteln, Kerngehäuse entfernen; das Apfelstück in dünne Stifte schneiden. Mit dem Dressing mischen. Den Salat und die Alfalfasprossen auf je einem Teller verteilen. Die in schräge Scheiben geschnittenen Hähnchenfilets darauf legen. Mit den Cashewkernen bestreuen.

ca. 455 kcal/1900 kJ
pro Portion

# Geflügelsalat mit Datteln

• Eiweißgruppe

*½ gegartes Hähnchen (ca. 375 g)*
*100 g frische Datteln (ca. 6 Stück)*
*1 Orange*
*75 g frische Ananas*
*3 EL saure Sahne*
*1 EL süße Sahne*
*1 EL Orangensaft*
*Meersalz*
*frisch gemahlener weißer Pfeffer*
*einige Spritzer Worcestersauce*
*2 Salatblätter*
*½ EL grob gehackte Walnüsse*

Das Hähnchen häuten, Fleisch von den Knochen lösen und das Fleisch in Stücke schneiden. Datteln halbieren, häuten, entkernen, das Fruchtfleisch längs in Streifen schneiden. Orange schälen, filetieren. Saure und süße Sahne und Orangensaft mit wenig Meersalz, Pfeffer und Worcestersauce würzen, verrühren und mit den Salatzutaten mischen. Die Salatblätter abbrausen, trockenschwenken und auf zwei Teller setzen. Den Geflügelsalat darauf verteilen. Mit Walnüssen garnieren.

ca. 480 kcal/2010 kJ
pro Portion

# Hähnchenfilet auf Spinatsalat

▷

• Eiweißgruppe

*1 kleine rote Bete (150 g)*
*Meersalz*
*200 g Hähnchenfilet*
*100 g Blattspinat*
*100 g Champignons*
*2 Frühlingszwiebeln (40 g)*

**Für die Salatsauce:**
*2 EL vegetarische Brühe*
*1 TL Öl*
*½ TL geriebener Meerrettich*
*weißer Pfeffer*
*4 Basilikumblätter*

Rote Bete sehr gründlich abbürsten; in Salzwasser ca. 25 Minuten zugedeckt kochen. Inwischen das Hähnchenfilet in einer beschichteten Pfanne 10 Minuten unter Wenden braten, abkühlen lassen. Blattspinat verlesen, abbrausen, trockenschwenken. Champignons putzen und in Scheiben, Frühlingszwiebel in Ringe schneiden. Rote Bete herausnehmen, kurz abkühlen lassen, dann schälen, vierteln und mit einem Buntmesser in Scheiben schneiden. Hähnchenfilet in dünne Streifen schneiden. Alle Zutaten auf je einem Teller anrichten. Vegetarische Brühe, Öl, Meerrettich und etwas Pfeffer verrühren und über den Salat geben. Mit Basilikumblättern garnieren.

ca. 180 kcal/755 kJ
pro Portion

# Bistro-Salat mit geräucherter Truthahnbrust

• Eiweißgruppe

**Für die Salatsauce:**
*1 Eigelb*
*Meersalz*
*weißer Pfeffer*
*¼ TL Senf, mittelscharf*
*1 TL Zitronensaft*
*⅛ l Pflanzenöl*
*½ Becher Magerjoghurt (75 g)*
*1 Spritzer Tabascosauce*
*1 Msp. Paprika, edelsüß*

**Für den Salat:**
*½ rote Paprikaschote (75 g)*
*200 g verschiedene Sorten Blattsalat (Römer-, Kopf-, Endivien- und Feldsalat)*
*50 g Champignons*
*3 Tomaten (150 g)*
*200 g geräucherte Truthahnbrust, in dünnen Scheiben*

Für die Salatsauce Eigelb, Meersalz, Pfeffer, Senf und Zitronensaft verrühren. Öl erst tropfenweise, dann in einem dünnen Strahl unterschlagen. Mit Joghurt verrühren. Mit Tabascosauce und Paprikapulver abschmecken. Paprikaschote in dünne Streifen schneiden. Salat abbrausen, trockenschwenken und in mundgerechte Stücke zupfen. Geputzte Champignons in dünne Scheiben schneiden, abgespülte Tomaten halbieren und in Scheiben schneiden. Stengelansätze dabei entfernen. Die Salatzutaten auf zwei Teller verteilen. Mit der Salatsauce überziehen; die Putenbrustscheiben darauf anrichten.

ca. 765 kcal/3200 kJ
pro Portion

# *Fitneß-Salatplatte mit Kefir-Dressing* ▷

• Eiweißgruppe

*je 150 g grüne Bohnen und Weißkraut*
*100 g Knollensellerie*
*2 Tomaten, 125 g Möhren*
*300 g Salatgurke*
*25 g Alfalfasprossen*
*Saft von ½ Zitrone*
*½ Becher (250 g) Kefir (1,5 % Fett)*
*weißer Pfeffer*
*Meersalz*
*1 TL Sanddorn-Fruchtsüße*
*½ Bund Schnittlauch*
*250 g geräucherte Putenbrust*

Die Bohnen abspülen, putzen, halbieren. In Salzwasser 10 Minuten garen, dann abgießen und abschrecken. Weißkraut fein hobeln. Sellerie gründlich waschen, schälen und in feine Streifen schneiden. Die Streifen in kochendem Salzwasser 2 Minuten blanchieren, kalt abschrecken und mit Weißkohl und Bohnen auf einer Platte anrichten. Tomaten abspülen, achteln, Stengelansätze entfernen und dazulegen. Möhren schälen, grob raffeln und danebenlegen. Gurke schälen, hobeln und auf einer Platte anrichten. Sprossen darüberstreuen. Zitronensaft unter den Kefir rühren, Sauce würzen und mit Sanddorn abschmecken. Schnittlauch fein hacken und untermischen. Sauce zum Salat reichen. Die Putenbrust in 4 dünne Scheiben schneiden, jeweils zwei auf einem Salatteller anrichten.

ca. 335 kcal/1400 kJ
pro Portion

# *Rohkostplatte*

• Eiweißgruppe

*150 g Tomaten*
*200 g Salatgurke*
*150 g Möhren*
*1 Stengel Bleichsellerie (100 g)*
*½ Bund Radieschen (40 g)*
*½ gelbe Paprikaschote (60 g)*
*50 g Champignons*
*etwas Kresse*
*½ Becher (250 g) Dickmilch (3,5 % Fett)*
*1 TL geriebener Meerrettich (5 g)*
*1 EL Zitronensaft*
*Meersalz*
*weißer Pfeffer*
*½ kleine Zwiebel (10 g), gehackt*
*2 EL Schnittlauchröllchen*
*75 g gegrillte Hähnchenbrust*

Das Gemüse waschen und putzen; Möhren abbürsten und raspeln, Tomaten achteln, Gurke stifteln. Bleichsellerie und Radieschen in Scheiben, Paprikaschoten in Streifen, Pilze blättrig schneiden. Kresse grob schneiden. Die einzelnen Gemüse auf einem Teller arrangieren; Kresse darüberstreuen. Das Hähnchenfleisch in dünne Streifen schneiden, diagonal über die Rohkost legen. Dickmilch mit Meerrettich, Zitronensaft, Gewürzen, gehackter Zwiebel und Schnittlauch verrühren und die Sauce über die Rohkost geben.

ca. 180 kcal/755 kJ
pro Portion

studio
2000
STAINLESS

# Italienischer Gemüsesalat

▷

• Eiweißgruppe

*je 75 g tiefgefrorene Erbsen, Möhren und grüne Bohnen*
*1 Tomate (50 g)*
*1 hartgekochtes Ei*
*6 Sardellenfilets*
*1 EL mit Paprika gefüllte Oliven (15 g)*
*1 TL Kapern (10 g)*
*2 EL Zitronensaft*
*schwarzer Pfeffer, Meersalz*
*2 EL Schnittlauchröllchen*
*etwas frischer Estragon, gehackt*
*1 Becher (175 g) Sahne-Dickmilch (10 % Fett)*

***Zum Garnieren:***
*2 Sardellenfilets*
*Schnittlauchröllchen*

Erbsen, Möhren und Bohnen separat in wenig Wasser nach Packungsanweisung garen, abtropfen lassen und in eine Schale geben. Tomate würfeln, Stengelansätze dabei entfernen. Ei ebenfalls würfeln. 3 Sardellenfilets hacken, die Oliven in dünne Scheiben schneiden und alles zusammen mit den Kapern zu dem Gemüse geben. Zitronensaft, Gewürze und Kräuter unter die Sahne-Dickmilch rühren und die Sauce auf die Gemüsemischung geben. Salat mit eingerollten Sardellenfilets garnieren und mit Schnittlauchröllchen bestreuen.

ca. 260 kcal/1090 kJ pro Portion

# Spargelsalat mit Lachs und Ei

• Eiweißgruppe

*1 kg weißer Spargel*
*Saft von einer Zitrone*
*Meersalz*
*350 g Zuckerschoten*

***Für die Marinade:***
*2 EL Zitronensaft*
*1 TL Senf, mild*
*2 EL grünes Traubenkern- oder Sonnenblumenöl*
*½ Bund Estragon*

***Außerdem:***
*100 g Räucherlachs*
*2 hartgekochte Eier*

Spargel abbrausen, schälen und in etwa 5 cm lange Stücke teilen. Zitronensaft, 100 ml Wasser, Meersalz aufkochen, Spargel hineingeben, 10 Minuten köcheln und im Sud abkühlen lassen. Dann herausheben, abtropfen lassen. Den Sud erneut erhitzen und die Zuckerschoten darin 2-3 Minuten garen. Herausnehmen, abtropfen lassen und mit den Spargelstücken mischen. Für die Marinade Zitronensaft und Senf mischen; Öl einrühren. Estragonblättchen abzupfen. Lachsscheiben in grobe Streifen schneiden und mit dem Estragon unter den Salat heben. Mit den Eiachteln garniert anrichten.

ca. 510 kcal/2135 kJ pro Portion

**TIP**

Reichen Sie den feinen Salat als Cocktail mit frischem Toast.

# Avocado-Citrus-Salat

▷

• Eiweißgruppe

*1 Avocado*
*Saft von ½ Zitrone*
*1 Orange*
*1 Pink Grapefruit*
*4 Blätter Friséesalat*

***Für das Dressing:***
*3 EL Crème fraîche*
*frisch gemahlener weißer Pfeffer*
*Meersalz*
*Tabascosauce*

Avocado schälen, halbieren und den Kern entfernen. Das Fruchtfleisch längs in dünne Spalten schneiden, mit dem Zitronensaft beträufeln. Die Orangen und Pink Grapefruit schälen und mit einem scharfen Messer die Fruchtsegmente zwischen den Trennwänden herausschneiden. Die Avocadospalten fächerartig anrichten und um die Spitzen der Avocadospalten abwechselnd halbkreisförmig die Orangen- und Grapefruitspalten legen. Mit je einem Friséeblatt garnieren. Crème fraîche mit Pfeffer, Salz und einem Tropfen Tabascosauce verrühren. Die Sauce separat zum Salat reichen.

ca. 350 kcal/1465 kJ
pro Portion

# Geflügelsalat mit Curry-Dressing

• Eiweißgruppe

*200 g gegrillte Geflügelbrust (ohne Haut und Knochen)*
*1 Pink Grapefruit*
*2-3 Möhren (200 g)*
*1 kleine Zucchini (125 g)*
*1 Becher (150 g) fettarmer Joghurt (1,5 % Fett)*
*Currypulver*
*gemahlener Koriander und Kümmel*
*frische Thymianblättchen*
*Meersalz*
*1 TL Zitronensaft*
*50 g bunter Mischsalat*

Die Geflügelbrust in Würfel schneiden. Die Pink Grapefruit schälen und ebenfalls würfeln. Die Möhren und Zucchini putzen, waschen und grob raspeln. Den Joghurt mit den Gewürzen kräftig abschmecken. Zuletzt etwas Zitronensaft unterrühren. Geflügelbrust, Grapefruit und Gemüse mischen. Mit dem Curry-Dressing anmachen. Den Salat auf zwei Tellern verteilen. Den Geflügelsalat darauf anrichten.

ca. 210 kca/880 kJ
pro Portion

# Geflügelsalat mit Grapefruit

▷

• Eiweißgruppe

*½ Römersalat (150 g)*
*1 entbeinte Hühnerbrust (200 g)*
*Meersalz, weißer Pfeffer*
*1 Pink Grapefruit*
*1 EL Zitronensaft*
*2 EL Olivenöl*
*¼ TL süßer Senf*
*Zitronenpfeffer*
*2 EL Sonnenblumenkerne (50 g)*

Den Salat putzen, abbrausen und in 5 cm lange Stücke schneiden. Die Hühnerbrust in der Butter rundherum 8 Minuten braten. Aus der Pfanne nehmen, würzen und in Alufolie gepackt beiseite legen. Grapefruit schälen und filetieren, den Saft auffangen. Aus dem Grapefruit- und Zitronensaft, Öl, Senf und Gewürzen eine Marinade bereiten und mit dem Salat mischen. Hühnerbrust schräg in Scheiben schneiden und abwechselnd mit den Grapefruitfilets schuppenartig auf dem Salat anrichten. Mit Sonnenblumenkernen bestreuen.

ca. 400 kcal/1675 kJ
pro Portion

# Meeresfrüchtesalat mit Zitronendressing

• Eiweißgruppe

*125 g tiefgefrorene Tintenfischringe oder -streifen*
*¼ l Wasser, Meersalz*
*150 g Seemuschelfleisch (aus dem Fischgeschäft)*
*100 g Tiefseekrabben*
*2 Hummerkrabben (100 g)*
*50 g Champignons*
*50 g tiefgefrorene Erbsen*
*2 EL Schnittlauchröllchen*
*1 TL Petersilie, gehackt*
*Saft von ½ Zitrone*
*4 EL Sonnenblumenöl*
*weißer Pfeffer*
*1 Zitronenscheibe zum Garnieren*

Tintenfischringe oder -streifen in gleichmäßige Stücke schneiden und unaufgetaut unter kaltem Wasser abspülen. Wenig Wasser mit etwas Salz zum Kochen bringen, Tintenfisch darin ca. 3 Minuten blanchieren, abgießen, mit dem Muschelfleisch kalt abbrausen, abtropfen lassen. Tiefseekrabben zufügen. Champignons putzen, in feine Scheiben schneiden. Erbsen kalt abbrausen, abtropfen lassen. Alles in eine Schüssel geben und Schnittlauch und Petersilie hinzufügen. Mit Salz und Pfeffer würzen. Etwas Salz in Zitronensaft auflösen und mit dem Schneebesen nach und nach das Sonnenblumenöl unterrühren, bis sich eine sämige Sauce gebildet hat. Mit Pfeffer abschmecken, unter die Salatzutaten heben. Etwas durchziehen lassen. In zwei Schälchen geben, mit je einer Hummerkrabbe und einer halben Zitronenscheibe garnieren.

ca. 400 kcal/1675 kJ
pro Portion

# *Apfel-Carpaccio mit Avocado-Sauce*

• Kohlenhydratgruppe

***Für die Salatsauce:***
*1 EL Molkosan*
*1 EL Honig*
*1 EL Walnußöl*
*1 EL Wasser*
*1 EL Apfelsaft*
*Meersalz*
*weißer Pfeffer*
*1 kleine Avocado (150 g)*

***Außerdem:***
*2 mürbe, süße Äpfel (300 g)*
*½ Kistchen Kresse*
*20 g Walnüsse*

Für die Salatsauce Molkosan, Honig, Öl, Wasser und Apfelsaft miteinander verrühren und mit Meersalz abschmekken. Die Avocado halbieren, den Stein entfernen, die Fruchthälften schälen, würfeln und zur Vinaigrette geben.
Die Äpfel abspülen, vierteln, entkernen und die Apfelstücke in Spalten schneiden.
Auf zwei Teller verteilen, mit der Salatsauce beträufeln, mit der Kresse bestreuen.
Die Walnüsse hacken und darüber streuen.

ca. 370 kcal/1550 kJ pro Portion

*Abb. S. 93*
*Chicoréesalat mit Sonnenblumenkeimen*
*(Rezept S. 94)*

# Salate mit Sprossen und Keimen

# Salat mit Radieschensprossen

• Eiweißgruppe

*125 g Blattspinat*
*je 150 g Salatgurke und Cocktailtomaten*
*1 Zwiebel (50 g)*
*50 g Radieschensprossen*
*1 hartgekochtes Ei*

***Für die Schnittlauchsauce:***
*75 g Buttermilch*
*1 TL Zitronensaft*
*½ TL geriebener Meerrettich*
*2 EL Schnittlauchröllchen*
*weißer Pfeffer, Meersalz*

Den geputzten Spinat in mundgerechte Stücke zupfen. Die Gurke in Scheiben, die Tomaten in Hälften, Zwiebeln in Ringe schneiden. Alle Zutaten mit den Sprossen mischen. Gewürfeltes Ei darüber streuen. Für die Sauce alle Zutaten verrühren, pikant abschmecken und zu dem Salat anrichten.

ca. 110 kcal/460 kJ
pro Portion

*Name:* Rettich, Ölrettich
*Ansetzen:* Samen bei 21 °C keimen lassen; tgl. 2-3mal durchspülen
*Ernte:* 5 mm lange Sprossen nach 4 Tagen, grün nach 7 Tagen
*Ergiebigkeit:* 1 EL Samen ist etwa 10 g und ergibt 2-3 EL Sprossen, bzw. 30 g
*Geschmack:* scharf-würzig
*Verwendung:* für Salate, Rohkost, Eiergerichte, Quark, Dips etc.

# Chicoréesalat mit Sonnenblumenkeimen (Abb. S. 93)

• Eiweißreich

*2 kleine Stauden Chicorée (125 g)*
*1 Birne (125 g)*
*100 g blaue Weintrauben*
*1 Orange (ca. 100 g)*
*20 g Sonnenblumenkeimlinge*

***Für die Sauce:***
*100 g Dickmilch (3,5 % Fett)*
*3 EL Orangensaft*
*25 g Edelpilzkäse (60 % F.i.Tr.)*
*weißer Pfeffer*

Chicoréestauden putzen. Die Blätter auf einer Platte auslegen; Birne in Scheiben schneiden, Trauben halbieren, Orange filetieren. Früchte über den Chicoréeblättern verteilen, mit Sonnenblumenkeimlingen bestreuen. Für die Sauce Zutaten glattrühren; getrennt zum Salat anrichten.

ca. 230 kcal/960 kJ
pro Portion

*Name:* Sonnenblumenkerne
*Ansetzen:* geschälte Kerne spülen, max. 6 Stunden einweichen, bei 21 °C keimen lassen, tägl. 2-3mal spülen.
*Ernte:* Sprossen nach max. 2 Tagen, grün nach 8 Tagen.
*Ergiebigkeit:* 1 EL Kerne (20 g) ergibt 2-3 EL Sprossen bzw. 40 g.
*Geschmack:* süßlich, nußartig
*Verwendung:* für Fruchtsalate, Salate, zu Pilzen, Pfannkuchen (Füllung), in Müslis, zum Backen etc.

# Radieschensalat mit Mungobohnenkeimen ▷

• Eiweißgruppe

*1 Bund Radieschen*
*(80-100 g)*
*Meersalz*
*½ Kistchen Kresse*
*10 g Mungobohnenkeimlinge*
*1 hartgekochtes Ei*
*1 TL Zitronensaft*
*50 g Dickmilch (3,5 % Fett)*
*weißer Pfeffer*
*etwas geriebener Meerrettich*
*1 EL Schnittlauchröllchen*

Radieschen waschen, in Scheiben schneiden. Leicht salzen. Kresse abschneiden, mit den Mungobohnenkeimen und Radieschenscheiben mischen. Das geviertelte Ei zugeben. Zitronensaft, Dickmilch, Salz, Gewürze und Schnittlauch verrühren; über den Salat geben.

ca. 70 kcal/290 kJ
pro Portion

# Gemüsesalat mit Mungobohnensprossen

• Eiweißgruppe

*175 g Lauch*
*100 g Möhren*
*100 g frische Egerlinge oder Champignons*
*25 g Mungobohnensprossen*

***Für die China-Sauce:***
*100 g Dickmilch (3,5 % Fett)*
*1 EL Sojasauce*
*1 TL Zitronensaft*
*weißer Pfeffer*
*Meersalz*

Lauch, Möhren, Pilze putzen, waschen; Lauch in Ringe, Möhren und Pilze in dünne Scheiben schneiden. Lauch und Möhren in reichlich kochendem Salzwasser 2 Minuten blanchieren, abtropfen lassen und mit den Mungosprossen unterheben.
Dickmilch, Sojasauce, Zitronensaft und die Gewürze verrühren. Die pikante Sauce getrennt zu dem Salat reichen.

ca. 90 kcal/375 kJ
pro Portion

*Name:* Mungobohnen
*Ansetzen:* Mungobohnen spülen, über Nacht einweichen, abgießen, bei 21 °C keimen lassen; täglich 2-3mal spülen
*Ernte:* 1-2 cm lange Sprossen nach ca. 2 Tagen
*Ergiebigkeit:* 1 EL Mungobohnen ist etwa 25 g und ergibt 5-6 EL Sprossen bzw. ca. 80 g
*Geschmack:* knackig frisch und süßlich wie junge Erbsen
*Verwendung:* für Salat, Rohkost, Kartoffel- und Pfannengerichte, pikante Füllungen, auf Brot, in Quark und Dips, für chinesische Gerichte

# *Tomaten-Fenchel-Salat mit Alfalfasprossen* ▷

• Kohlenhydratgruppe

*175 g Tomaten*
*150 g Fenchelknolle*
*100 g Feta-Schafskäse*
*(55 % F.i.Tr.)*
*15 g Alfalfasprossen*
*1 Scheibe Vollkorntoastbrot*

***Für die Salbei-Dickmilch-Sauce:***
*2 kleine Blätter frischer Salbei*
*1 Zweig Thymian*
*1 Prise gerebelte Kräuter der Provence*
*weißer Pfeffer*
*Meersalz*
*100 g Dickmilch (3,5 % Fett)*

***Für die Knoblauch-Sauce:***
*75 g Kefir (1,5 % Fett)*
*1 kleine Knoblauchzehe*
*1 TL Olivenöl*
*frisches Basilikum*
*weißer Pfeffer*
*Meersalz*

Die Tomaten in Scheiben schneiden, Stengelansätze entfernen. Auf einer Platte verteilen. Fenchelknolle putzen, waschen, in Streifen schneiden, über die Tomatenscheiben geben. Schafskäse würfeln, mit den Sprossen mischen. Toastbrot rösten, ebenfalls würfeln, über den Salat geben. Für die Salbei-Dickmilch-Sauce Dickmilch glattrühren. Salbeiblätter streifig schneiden, mit den vom Stiel gezupften Thymianblättchen mischen. Mit den Gewürzen unter die Dickmilch geben und abschmecken. Für die Knoblauch-Kefir-Sauce den Kefir, den zerdrückten Knoblauch und Öl verrühren. Die Salatsaucen mit dem Salat anrichten.

ca. 260 kcal/1090 kJ
pro Portion

*Name:* Luzerne (Alfalfa)
*Ansetzen:* Samen spülen, bis zu 8 Stunden einweichen, abgießen, bei 21 °C keimen lassen; tgl.1-2mal durchspülen
*Ernte:* Sprossen mit grünen Blättern nach ca. 5 Tagen.
*Ergiebigkeit:* 1 EL Samen sind etwa 10 g und ergeben 5-6 EL (45 g) Sprossen
*Geschmack:* würzig, leicht scharf
*Verwendung:* für Salate, Rohkost, pikanten Quark, Dips, auf Suppen, über Gemüse etc.

# *Endiviensalat mit Weizensprossen*

▷

• Eiweißgruppe

*1 kleiner Kopf Endiviensalat (125 g)*
*80 g Knollensellerie*
*1 säuerlicher Apfel*
*25 g Weizensprossen*

***Für die Orangen-Ingwer-Sauce:***
*100 g Dickmilch (3,5 % Fett)*
*1 TL Zitronensaft*
*weißer Pfeffer*
*Meersalz*
*1 Msp. gemahlener Ingwer*
*abgeriebene Schale einer halben unbehandelten Orange*

Den Salatkopf putzen, den Strunk abschneiden, die Blätter mit lauwarmem Wasser abspülen, gut abtropfen lassen, dann streifig schneiden. Den Sellerie putzen, waschen, schälen, klein schneiden und 2 Minuten in Salzwasser blanchieren. Danach abschrecken und abkühlen lassen. Apfel vierteln, Kerngehäuse entfernen, Apfelviertel in Scheiben schneiden. Salat, Sellerie und Apfel mischen, Sprossen darüber streuen. Für die Sauce die Dickmilch und den Zitronensaft verrühren; mit Pfeffer, Meersalz, Ingwer und Orangenschale würzen.

ca. 90 kcal/375 kJ
pro Portion

*Name:* Weizen
*Ansetzen:* Körner spülen, über Nacht einweichen, abgießen, bei 21 °C keimen lassen; tgl. 1-2mal spülen
*Ernte:* nach ca. 3 Tagen
*Ergiebigkeit:* 1 EL Körner, etwa 25 g, ergibt ca. 50 g Sprossen
*Geschmack:* süßlich, leicht nussig
*Verwendung:* für Müslis, Salate, Füllungen, zum Backen

# *Pikantes Kefir-Dressing*

(paßt ebenfalls gut zu dem obenstehenden Endiviensalat)

• Eiweißgruppe

*100 g Kefir (1,5 % Fett)*
*1 TL Zitronensaft*
*50 g Edelpilzkäse (50 % F.i.Tr.)*
*weißer Pfeffer, Meersalz*

Die Dickmilch mit Zitronensaft glattrühren. Käse mit der Gabel zerdrücken, unter den Kefir mischen. Die Sauce mit Salz und Pfeffer abschmecken.

ca. 170 kcal/710 kJ
pro Portion

# *Rote-Bete-Salat mit Linsensprossen*

▷

• Eiweißgruppe

*250 g rote Bete*
*Meersalz*
*2 Frühlingszwiebeln*
*35 g Linsensprossen*

***Für die Meerrettich-Kefir-Sauce:***
*50 g Kefir (1,5 % Fett)*
*1 TL Zitronensaft*
*½ TL geriebener Meerrettich*
*weißer Pfeffer*
*etwas frischer Estragon*

***Für die Dickmilch-Anis-Sauce:***
*100 g Dickmilch (3,5 % Fett)*
*1 TL Zitronensaft*
*1 Msp. Anis, gemahlen*
*etwas frisches Fenchelkraut*
*weißer Pfeffer*

Rote Bete gründlich abbürsten; mit Salzwasser bedeckt aufsetzen und zugedeckt ca. 30 Minuten garen. Dann herausnehmen, schälen und in Scheiben schneiden, evtl. halbieren.
Auf einer Platte auslegen. Die Frühlingszwiebeln in Ringe schneiden. Mit den Linsensprossen auf der roten Bete verteilen.
Für die Meerrettich-Kefir-Sauce den Kefir, Zitronensaft und Meerrettich verrühren. Mit Pfeffer, Salz und gehacktem Estragon abschmecken.
Für die Dickmilch-Anis-Sauce Dickmilch und Zitronensaft verrühren. Anis untermischen und mit wenig gewiegtem Fenchelkraut, Pfeffer und Salz abschmecken.

ca. 90 kcal/375 kJ
pro Portion

*Name:* Linsen
*Ansetzen:* getrocknete Linsen spülen, über Nacht einweichen, abgießen, bei 21 °C keimen lassen, tgl. 3mal abspülen
*Ernte:* Sprossen nach 5 Tagen (ohne Grün)
*Ergiebigkeit:* 1 EL Linsen entspricht etwa 15 g und ergibt 45 g Sprossen, bzw. 4-6 EL
*Geschmack:* nußartig, leicht süß wie junge Erbsen
*Verwendung:* für Salate, Rohkost, pikante Dips, in Kartoffelgerichten, für Füllungen, zu Pilzen etc.

**TIP**

Linsen-Sprossen enthalten komplettes hochwertiges Eiweiß, viele B-Vitamine, Vitamin A, sowie Kalium, Kalzium, Phosphor, Eisen, Kupfer, Mangan. Nehmen Sie zum Keimen nicht nur die großen, sondern auch mal die kleinsten, die Berglinsen. Vor dem Einweichen die kaputten Linsen aussortieren. Wenn Sie die Sprossen zu gemischten Salaten oder als Beilage zu Aufläufen verwenden, erreichen Sie die höchste Wertstufe der Eiweißernährung überhaupt. Was an Linsen sonst schwer verdaulich ist, wandelt sich beim Keimen in eine Form, die der Körper leichter aufnimmt.

# Eissalat mit Adzukisprossen

▷

• Kohlenhydratgruppe

*1 Chicoréestaude (125 g)*
*1 kleiner Eisbergsalat (125 g)*
*1 Tomate (60 g)*
*50 g Adzuki-Bohnensprossen*

***Für die Buttermilch-Kräuter-Sauce:***
*75 g Buttermilch*
*reichlich gewiegte Kräuter (Schnittlauch, Dill, Kerbel)*
*weißer Pfeffer*
*Meersalz*
*1 Msp. geriebener Meerrettich*

***Für die Kefir-Zwiebel-Sauce:***
*1 kleine rote Zwiebel (15 g)*
*75 g Kefir (1,8 % Fett)*
*1 TL Dijon-Senf*
*Meersalz*
*weißer Pfeffer*
*½ TL Honig*

Die Chicoréestaude längs halbieren, den Strunk keilförmig herausschneiden, die Blätter auseinander pflücken. Eisbergsalatblätter voneinander lösen, abbrausen, streifig schneiden. Die Tomate abspülen, achteln, Stengelansatz entfernen. Mit den Salatstreifen und den Sprossen mischen und auf den Chicoréeblättern anrichten.
Für die Buttermilch-Kräuter-Sauce Buttermilch, Kräuter und Gewürze verrühren.
Für die Kefir-Zwiebel-Sauce die Zwiebel schälen und fein würfeln. Den Kefir, Senf und Zwiebelwürfel mischen, mit den übrigen Zutaten abschmecken und beide Saucen zu dem Salat servieren.

ca. 75 kcal/315 kJ
pro Portion

*Name:* Adzuki-Bohnen
*Ansetzen:* Bohnen spülen, über Nacht einweichen, abgießen, bei 21 °C keimen lassen, tgl. 3mal spülen
*Ernte:* Sprossen nach 5 Tagen
*Ergiebigkeit:* 1 EL Bohnen ist etwa 25 g und ergibt 3-4 EL Sprossen, bzw. 70 g
*Geschmack:* süßlich, leicht nussig
*Verwendung:* für Salate, Rohkost, Kartoffelgerichte, Füllungen, auf Suppen, auf Brot, in chinesischen Gerichten

## TIP

Statt der Keimbox, geht's auch im Weckglas:
• Die Samen gründlich waschen; über Nacht in der 2-3fachen Menge lauwarmen Wasser vorquellen. Mit einem Mulltuch und Gummiring verschließen. • Am nächsten Morgen die nicht gequollenen Samen und leeren Samenschalen aussortieren, und das Keimgut gründlich spülen. • Die Samen wieder in das Glas geben; wieder verschließen. • Tagsüber das Glas mit der abgedeckten Öffnung nach unten schräg auf einen Teller stellen, so daß sich keine Staunässe bildet. • Je nach Sorte keimen lassen; morgens und abends ausspülen. • Die Samen keimen am besten im Dunklen. Sobald die Keimlinge zu sehen sind, ins Helle stellen. Das erhöht den Gehalt an wertvollen Inhaltsstoffen und senkt den Nitratgehalt. • Nach 3 Tagen sind die Keime erntereif.

# Kartoffelsalat mit Kressesprossen

▷

- Kohlenhydratgruppe

*300 g kleine Kartoffeln*
*1 kleine Zwiebel (30 g)*
*150 g Salatgurke*
*150 g saure Sahne*
*1 EL Öl*
*weißer Pfeffer, Meersalz*
*25 g Kressesprossen*

Die Kartoffeln waschen, mit Wasser bedeckt aufsetzen und zugedeckt 20 Minuten garen. Trockendämpfen und pellen. Abkühlen lassen. Zwiebel schälen und fein würfeln; Gurke längs halbieren und die Stücke in dünne Scheibchen schneiden. Saure Sahne, Öl und Gewürze verrühren. Kartoffel- und Gurkenscheiben vorsichtig mischen; mit den Kressesprossen bestreuen. Die Salatsauce zu dem Salat anrichten.

ca. 255 kcal/1065 kJ pro Portion

*Name:* Kresse
*Ansetzen:* Samen spülen, bei 21 °C keimen lassen; tgl. 1-2mal besprühen
*Ernte:* Sprossen nach 3 Tagen, Grün nach 6 Tagen
*Ergiebigkeit:* 1 EL Samen ist 10 g und ergibt ca. 20 g Sprossen
*Geschmack:* würzig, leicht scharf
*Verwendung:* in Salaten, Dressings, Dips, aufs Brot

# Salatteller mit Senfsprossen

- Eiweißgruppe

*1 kleine grüne Paprikaschote (75 g)*
*25 g frische Champignons*
*1 Tomate (50 g)*
*1 kleine rote Zwiebel (30 g)*
*1 kleine Chicoréestaude (70 g)*
*25 g Senfsprossen*

***Für die Apfel-Meerrettich-Sauce:***
*50 g Kefir (1,5 % Fett)*
*1 TL Zitronensaft*
*1 kleiner Apfel (50 g)*
*½ TL geriebener Meerrettich*
*weißer Pfeffer, Salz*

Paprikaschote in dünne Streifen schneiden. Champignons waschen, putzen und blättrig schneiden. Tomate achteln. Zwiebel fein würfeln. Von der Chicoréestaude den Strunk entfernen. Die Staude halbieren und in Streifen schneiden. Gemüse und Pilze auf einer Platte anordnen; Zwiebel in die Mitte geben. Die Senfsprossen darüber streuen. Für die Sauce Kefir und Zitronensaft verrühren. Den Apfel schälen, reiben und zusammen mit dem Meerrettich untermischen. Würzen.

ca. 60 kcal/250 kJ pro Portion

*Name:* Senf
*Ansetzen:* Senfkörner spülen, bei 21 °C keimen lassen; tgl. 1mal spülen
*Ernte:* Sprossen (ca. 5 mm lang) nach 3 Tagen, Grün nach ca. 8 Tagen
*Ergiebigkeit:* 1 EL Körner sind 10 g und ergben ca. 25 g Sprossen
*Geschmack:* würzig, scharf
*Verwendung:* in Salaten, Dips, Dressings, zu Kartoffeln, auf Brot

# *Grüner Spargelsalat mit Senfsprossen*

• Eiweißgruppe

*1 Ei*
*500 g grüner Spargel*
*Meersalz*
*1 Msp. Butter*
*2 Stiele Kerbel*
*Estragon*
*Petersilie*
*Schnittlauch*
*1 EL Zitronensaft*
*etwas Wasser*
*frisch gemahlener weißer Pfeffer*
*1 Prise geriebene Muskatnuß*
*2 EL Öl*
*einige Friséeblätter*
*25 g Senfsprossen*

Das Ei hartkochen; den Spargel abspülen, die unteren Enden abschneiden. Wasser, etwas Meersalz und Butter erhitzen, den Spargel darin 8-10 Minuten bißfest garen. Danach in Stücke schneiden und fächerartig auf einer Platte anrichten. Warm stellen. Das Ei pellen und würfeln. Die Kräuter abbrausen und hacken. Zitronensaft und Wasser erhitzen, wenig Meersalz, Pfeffer, Muskat zugeben; Öl tropfenweise einrühren. Das Ei und die Kräuter unterheben. Die Sauce auf den Spargel geben. Friséesalatblätter klein zupfen und damit garnieren. Die Senfsprossen darüber streuen.

ca. 210 kcal/880 kJ
pro Portion

*Abb. S. 109*
*Gemüseeintopf mit Grünkernschrot*
*(Rezept S. 110)*

# Hauptgerichte Kohlenhydratgruppe

## *Gemüseragout*

▷

• Kohlenhydratgruppe

*1 kleine Zwiebel (30 g)*
*150 g Stangensellerie*
*1 EL Butter*
*je 100 g Zucchini,*
*rote Paprikaschoten und*
*Lauch*
*1 TL Currypulver*
*Meersalz, schwarzer Pfeffer*
*1 Msp. Kreuzkümmel*
*3 EL Honig*
*⅛ l Gemüsebrühe*
*⅛ l Sahne*

Die Zwiebel schälen und fein hacken. Stangensellerie waschen, in dünne Scheiben schneiden. Die Butter in einem Topf erhitzen, Zwiebel und Stangensellerie zufügen und 10 Minuten dünsten. Inzwischen Zucchini und Paprikaschoten putzen, waschen, in mundgerechte Stücke schneiden. Zum Stangensellerie geben. Lauch putzen, längs halbieren und gründlich ausspülen, dann in dünne Ringe schneiden und in den Topf geben. Currypulver über das Gemüse stäuben, mit Salz, Pfeffer und Kreuzkümmel würzen. Honig und Brühe untermischen und zugedeckt 15 Minuten zugedeckt schmoren. Die Sahne einrühren, abschmecken und eventuell nachwürzen. Weitere 5 Minuten köcheln lassen.

ca. 390 kcal/1630 kJ
pro Portion

## *Gemüseeintopf mit Grünkernschrot* (Abb. S. 109)

• Kohlenhydratgruppe

*1 kleine Zwiebel (30 g)*
*1 Stange Lauch (200 g)*
*je 175 g Möhren, Rosenkohl*
*und Kartoffeln*
*1½ EL Keimöl*
*½ l Kräuterbouillon (Instant)*
*40 g Grünkernschrot*
*1 EL Crème fraîche*

Die Zwiebel schälen und würfeln. Gemüse putzen und waschen. Lauch in Ringe, Möhren in Scheiben schneiden. Rosenkohl am Stielende kreuzweise einschneiden und Kartoffel in Würfel schneiden. Zwiebelwürfel in 1 EL Keimöl anrösten. Gemüse dazugeben und andünsten. Wasser zugießen, aufkochen und die Kräuterbouillon hinzufügen. Bei schwacher Hitze etwa 10 Minuten kochen lassen. In der Zwischenzeit Grünkernschrot im restlichen Keimöl anrösten, zum Eintopf geben und das Ganze weitere 30 Minuten kochen lassen. Den Gemüseeintopf mit Crème fraîche servieren.

ca. 325 kcal/1360 kJ
pro Portion

# Dinkelpfanne

▷

• Kohlenhydratgruppe

*125 g Dinkelkörner*
*Gemüsebrühe*
*1 Zwiebel (50 g)*
*1 Knoblauchzehe*
*150 g Champignons*
*20 g Margarine*
*2 Tomaten (170 g)*
*3 EL Tomatensaft*
*150 g tiefgefrorener Blattspinat*
*1 TL Rohrzucker*
*Meersalz, frisch gemahlener weißer Pfeffer*

Dinkel und Gemüsebrühe aufkochen. Bei mittlerer Hitze ca. 30 Minuten zugedeckt köcheln lassen. Zwiebeln und Knoblauch schälen, fein würfeln. Champignons putzen, in Scheiben schneiden. Margarine erhitzen, Zwiebel- und Knoblauchwürfel andünsten; Champignons und Dinkel hinzufügen. 5 Minuten weiterdünsten. Tomaten überbrühen, häuten, würfeln, beiseite stellen. Tomatensaft und aufgetauten, gut abgetropften Spinat zufügen. Mit Salz, Rohrzucker und Pfeffer abschmecken; 10 Minuten weitergaren. Tomatenwürfel unterheben. Sofort anrichten.

ca. 345 kcal/1445 kJ
pro Portion

# Paprika-Maistopf mit Dinkel

• Kohlenhydratgruppe

*1 Maiskolben (300 g)*
*Meersalz*
*1 Zwiebel, gewürfelt*
*1 EL Keimöl*
*½ l Kräuterbouillon*
*100 g Dinkelkörner*
*je 1 grüne und gelbe Paprikaschote (200 g)*
*3 Tomaten (180 g)*
*1 TL frische Kräuter (Thymian, Majoran, Rosmarin)*
*Pfeffer, Cayennepfeffer*

Maiskolben in kochendem Wasser 40 Minuten garen. Zwiebelwürfel in heißem Keimöl anbraten. Mit Kräuterbouillon aufgießen; Dinkel zufügen. Bei schwacher Hitze 30 Minuten kochen lassen. Paprikaschoten würfeln. Tomaten überbrühen, häuten, würfeln. Die Körner vom Maiskolben lösen. Etwa 10 Minuten vor Ende der Garzeit die Paprikaschoten und Maiskörner zum Dinkel geben. Die Kräuterblättchen von den Stielen zupfen; mit den rohen Tomatenwürfeln zum Gemüse geben. Mit Pfeffer abschmecken.

ca. 390 kcal/1630 kJ
pro Portion

**TIP**

Dinkel ist eine Weizenart, die meist vor der Reife für Grünkern geerntet wird. Dinkel und Grünkern sind für die Ernährung sehr wertvoll, da sie hochwertiges Eiweiß, außerdem Kalzium und Phosphor – Mineralstoffe, die für den Knochenaufbau notwendig sind – und Eisen enthalten.

# Kichererbsen-Eintopf

▷

• Kohlenhydratgruppe

*150 g Kichererbsen*
*¾ l Wasser*
*100 g Zwiebeln*
*1 Knoblauchzehe*
*2 mittelgroße Möhren (80 g)*
*1 kleine gelbe Paprikaschote (60 g)*
*1 Zucchini (100 g)*
*2 EL Olivenöl*
*Meersalz*
*weißer Pfeffer*
*1 TL Tannenhonig*
*etwas Koriander, gemahlen*
*1 TL Pistazienkerne, gehackt (10 g)*

Kichererbsen über Nacht in dem Wasser einweichen. Am nächsten Tag aufkochen und zugedeckt 70 Minuten garen. Eventuell noch etwas Wasser nachgießen. Zwiebeln und Knoblauch schälen und würfeln, in heißem Öl andünsten. Abgetropfte Kichererbsen zufügen und mit Meersalz und Honig würzen. Etwa 5 Minuten garen. Das Gemüse zufügen, pfeffern und weitere 25 Minuten köcheln. Eintopf mit Koriander abschmecken; mit Pistazienkernen bestreuen.

ca. 360 kcal/1505 kJ
pro Portion

**TIP**

Wer mag, kann gemahlenen Koriander durch frisches Koriandergrün ersetzen.

# Grünkern-Gemüse

• Kohlenhydratgruppe

*3 Frühlingszwiebeln (150 g)*
*1 kleiner Kohlrabi (150 g)*
*½ Wirsingkohl (300 g)*
*1 Möhre (50 g)*
*20 g Margarine*
*½ l Gemüsebrühe (Instant)*
*50 g Grünkern*
*75 g tiefgefrorene Erbsen*
*1 gehäufter EL Crème fraîche*
*Meersalz*
*weißer Pfeffer*
*1 Prise geriebene Muskatnuß*
*½ Tl Currypulver*
*4 EL Petersilie, gehackt*

Das Gemüse waschen und putzen. Frühlingszwiebel in Ringe, geschälten Kohlrabi in Stifte, Wirsingkohl in Streifen schneiden. Nacheinander alles in heißer Margarine andünsten.
Gemüsebrühe aufkochen, Grünkern einrühren und mit der Zwiebel-Kohlrabi-Wirsing-Mischung verrühren. Zugedeckt 20 Minuten garen. Die Möhre in sehr dünne Stifte schneiden. Mit der Petersilie unter das Gemüse heben; würzen. Zum Servieren Crème fraîche einrühren.

ca. 320 kcal/1340 kJ
pro Portion

# *Überbackener Kürbis*

▷

• Kohlenhydratgruppe

*500 g Kürbis*
*Meersalz*
*schwarzer Pfeffer*
*1 rote Paprikaschote (100 g)*
*1 kleine Zwiebel*
*20 g Margarine*
*60 ml Gemüsebrühe (Instant)*
*¼ TL frische Thymianblätter*
*1 TL Waldhonig*
*Margarine zum Einfetten*
*100 g Frischkäse (60 % F.i.Tr.)*
*1 EL geröstete Kürbiskerne*
*½ Bund Petersilie, gehackt*

Kürbis schälen, die Fasern mit den Kernen entfernen. Die Kerne beiseite legen. Kürbisfleisch würfeln, mit Salz und Pfeffer bestreuen. Paprikaschote waschen, vierteln, die weißen Kerne und Trennwände entfernen, die Viertel würfeln. Zwiebel schälen, sehr fein hacken. Margarine erhitzen, Zwiebelwürfel darin glasig werden lassen, Paprikaschoten zufügen. Kürbisfleisch, Gemüsebrühe, Thymian und Honig zufügen. Ohne Deckel etwa 25 Minuten garen, bis die Flüssigkeit fast verdampft ist. Zwischendurch umrühren. Salzen und pfeffern. Den Frischkäse unterheben. Alles in eine gefettete Auflaufform geben. Im vorgeheizten Backofen, untere Schiene, bei 200 °C ca. 25 Minuten überbacken. Mit gehackter Petersilie und den gerösteten Kürbiskernen bestreuen.

ca. 410 kcal/1715 kJ
pro Portion

# *Kartoffel-Gemüse-Gratin*

• Kohlenhydratgruppe

*1 Lauchstange (100 g)*
*150 g Zucchini*
*1 Möhre (80 g)*
*300 g Kartoffeln*
*5 g Margarine oder Öl*
*weißer Pfeffer*
*Meersalz*
*geriebene Muskatnuß*
*1 Becher (175 g) Sahne-Dickmilch (10 %)*
*2 Eigelb*
*50 g Rahmgouda (60 % F.i.Tr.), grob gerieben*

Gemüse waschen, putzen. Lauch in Ringe, Zucchini, Möhre und Kartoffeln in Scheiben schneiden und in kochendem Salzwasser 5 Minuten garen. Herausnehmen, abtropfen lassen. Abwechselnd in eine gefettete Auflaufform schichten. Mit den Gewürzen leicht bestäuben. Sahne-Dickmilch mit Eigelb verquirlen, den geriebenen Käse unterrühren, würzen und über dem Gemüse verteilen. Die Form im vorgeheizten Backofen, untere Schiene, bei 200 °C ca. 15 Minuten überbacken. Sofort servieren.

ca. 390 kcal/1630 kJ
pro Portion

# Brokkoli-Chicorée-Gratin

• Kohlenhydratgruppe

*150 g Brokkoli*
*2 mittelgroße Chicoréestauden (200 g)*
*Meersalz*
*1 kleine Zwiebel (30 g)*
*1 EL Butter*
*je 2 EL Semmelbrösel und gemahlene Haselnüsse*
*3 EL Honig*
*schwarzer Pfeffer*
*je 1 Msp. Cayennepfeffer und geriebene Muskatnuß*
*100 g Edelpilzkäse (60 % F.i.Tr.)*
*½ Bund Petersilie, gehackt*

Gemüse abbrausen. Brokkoli in Röschen teilen, den Strunk in Stücke schneiden. Chicorée längs halbieren, den Strunk keilförmig herausschneiden. Beide Gemüse in Salzwasser kurz blanchieren, abtropfen. Zwiebel schälen, würfeln und in etwas Butter weichdünsten. Semmelbrösel und Haselnüsse zugeben. Den Honig unterrühren und alles mit Gewürzen abschmecken. Eine feuerfeste Form mit restlicher Butter einfetten. Gemüse abwechselnd hineingeben. Die Hälfte des Käses in kleinen Stückchen, die Hälfte der Petersilie und die Semmelbrösel-Nuß-Masse zwischen das Gemüse verteilen. Mit restlichem Käse belegen. Im vorgeheizten Backofen, untere Schiene, bei 200 °C ca. 20 Minuten goldgelb überbacken und mit Petersilie bestreuen.

ca. 445 kcal/1905 kJ
pro Portion

▷

# Gemüsepuffer

• Kohlenhydratgruppe

*200 g Möhren*
*1 Kohlrabi (125 g)*
*250 g rote Bete*
*100 g Raclettekäse (60 % F.i.Tr.), grob geraffelt*
*1 TL süßer Senf*
*1 TL Schnittlauchröllchen*
*1 Eigelb*
*2 EL helles Bier*
*weißer Pfeffer*
*Meersalz*
*geriebene Muskatnuß*
*20 g Butterschmalz*

Das Gemüse waschen, ungeputzt im Dampfkochtopf 10 Minuten knackig garen. Kohlrabi und rote Bete schälen, Möhren schaben und alle Gemüsesorten fein raffeln. Den Käse, Senf, Schnittlauch, Ei und Bier dazugeben und würzen. Das Butterschmalz in einer beschichteten Pfanne erhitzen, Puffermasse eßlöffelweise in der Pfanne flachdrücken und je 4 Minuten pro Seite braten.

ca. 445 kcal/1860 kJ
pro Portion

# Spargel mit Kerbelsauce

▷

• Kohlenhydratgruppe

*je 250 g weißer und grüner Spargel*
*Meersalz*
*1 kleiner Stich Butter*
*2 EL Sonnenblumenkerne (50 g)*
*4 EL Crème fraîche*
*2-4 EL Spargelwasser*
*Meersalz*
*weißer Pfeffer*
*4-6 EL gezupfter Kerbel*
*4-6 kleine Kartoffeln (300 g)*

Vom weißen und grünen Spargel die holzigen Enden abschneiden; die weißen Stangen schälen. Mit Garn zusammenbinden und in reichlich Salzwasser mit dem Fett ca. 10 Minuten bißfest garen. Die Sonnenblumenkerne in einer beschichteten Pfanne ohne Fett rösten. Die Crème fraîche mit 1-2 EL Spargelwasser erhitzen, gut verrühren. Mit Salz und Pfeffer würzen. Zuletzt den Kerbel und 1 EL geröstete Sonnenblumenkerne unterrühren und kurz miterhitzen. Die abgetropften Spargelstangen mit der Kerbelsauce anrichten. Mit den restlichen Sonnenblumenkernen bestreuen. Dazu die gekochten Pellkartoffeln servieren.

ca. 420 kcal/1760 kJ
pro Portion

# Eier-Kartoffel-Auflauf mit Walnußkernen

• Kohlenhydratgruppe

*300 g Kartoffeln*
*1 mürber Apfel*
*2 Möhren (200 g)*
*1 Zwiebel (50 g)*
*5 g Butter für die Form*
*25 g Walnußkerne*
*75 ml Sahne*
*2 Eigelb*
*Meersalz*
*weißer Pfeffer*
*1 Msp. Zimt*

Kartoffeln, Apfel, Möhren und Zwiebel schälen. Apfel vom Kerngehäuse befreien. Kartoffeln, Apfel und Zwiebeln in Scheiben schneiden. Möhren grob raspeln. Die Kartoffel- und Zwiebelscheiben in gesalzenem Wasser 2 Minuten blanchieren. Eine feuerfeste Form einfetten. Abwechselnd Kartoffel- und Zwiebelscheiben, Möhren und einige Apfelscheiben (4 beiseite legen) einschichten, mit Gewürzen und gehackten Walnußkernen bestreuen. Mit den restlichen Apfelscheiben abschließen; nur mit Zimt bestäuben. Eigelb und Sahne verrühren, mit Salz und Pfeffer abschmecken und über den Auflauf geben. Im vorgeheizten Backofen bei 170 Grad (E) oder Stufe 2 (G) oder 160 Grad Umluft ca. 35 Minuten backen.

ca. 460 kcal/1925 kJ
pro Portion

**TIP**

Kerbel eignet sich sehr gut gegen Frühjahrsmüdigkeit; aber dann mindestens 1-2 Wochen lang täglich essen!

# Reiscurry mit Honig-Aprikosen

▷

• Kohlenhydratgruppe

*125 g Naturreis*
*Meersalz*
*100 g Schalotten*
*35 g Butter*
*200 g Aprikosen, getrocknet*
*1 EL mildes Currypulver*
*1½ EL Honig (z.B. Lindenblütenhonig)*
*20 g Sonnenblumenkerne*
*10 g Sesamsaat*
*2 Zweige Zitronenmelisse*

Reis waschen und in knapp ¼ l siedendem Salzwasser etwa 30 Minuten zugedeckt ausquellen lassen. Inzwischen Schalotten schälen, achteln. Butter zerlassen, Schalotten darin glasig dünsten. Aprikosen waschen und in Streifen schneiden. Zu den Zwiebeln geben und alles weitere 5 Minuten dünsten. Etwas Curry darüber stäuben und den Honig unterziehen. Alles leicht erwärmen. Den heißen Reis unterheben, nochmals mit Curry abschmecken und zugedeckt einige Minuten ziehen lassen. Sonnenblumenkerne und Sesam in einer Pfanne ohne Fett hellbraun rösten und über das Gericht streuen. Mit Zitronenmelisseblättchen garnieren.

ca. 745 kcal/3120 kJ
pro Portion

# Orientalischer Reis

• Kohlenhydratgruppe

*1 Möhre (100 g)*
*2 Knoblauchzehen, gehackt*
*1 EL Öl, Meersalz*
*125 g Vollkornreis*
*25 g Rosinen*
*1 EL Pistazien*
*1-2 Prisen Cayennepfeffer*
*¼ l Gemüsebrühe (Instant)*
*100 g Sahnejoghurt*
*2 frische Minzblätter*

Die Möhre in kleine Stifte schneiden und zusammen mit der Hälfte des Knoblauchs im heißen Öl kurz andünsten. Den Reis, die Rosinen, die Pistazien und den Cayennepfeffer hinzufügen und kurz mitdünsten. Die Brühe aufgießen, alles umrühren, die Flüssigkeit aufkochen lassen und den Reis und das Gemüse zugedeckt bei geringer Hitzezufuhr 15-20 Minuten garen. Anschließend das Gericht mit einer Gabel lockern. Den restlichen Knoblauch mit etwas Salz und dem Joghurt verrühren. Die Joghurtsauce über den Reis geben und ihn mit den Minzblättchen garnieren.

ca. 440 kcal/1840 kJ
pro Portion

## TIP

Naturreis wird auch Braun-, Vollkorn- oder Cargo-Reis genannt. Er ist als Lang- und Rundkornreis im Handel und enthält viele Vitamine, Mineralien, Ballaststoffe und fast viermal soviel Fett wie weißer Reis. Seine Kochzeit ist länger als die des polierten Reises, sein Geschmack ist leicht nußartig.

# *Hirseklößchen auf Paprikasauce*

▷

- Kohlenhydratgruppe

*knapp 1 TL Gemüsebouillon*
*1 Msp. Safran*
*75 g Hirse*
*50 g Maisgrieß*
*1 EL Butter*
*1 Eigelb*
*½ Bund Schnittlauch*
*Meersalz, Cayennepfeffer*
*gemahlener Koriander*

***Für die Paprikasauce:***
*1 EL Keimöl*
*1 gestrichener TL Gemüsebouillon*

¼ l Wasser aufkochen, Gemüsebouillon und Safran hinzufügen. Gewaschene Hirse dazugeben, bei schwacher Hitze 25 Minuten quellen lassen. Maisgrieß und Butter zur Hirse geben. Unter Rühren 2-3 Minuten kochen, von der Kochstelle nehmen, etwas Brei mit dem Eigelb verquirlen und in die Hirse-Grießmischung rühren. Nicht mehr kochen lassen! Schnittlauch fein schneiden, zur Hirse geben. Würzen. Hirsemasse etwas abkühlen lassen, Klößchen formen und in kochendem Salzwasser 20 Minuten garen. Für die Paprikasauce die Paprikaschoten würfeln und in heißem Keimöl andünsten. 75 ml Wasser dazugießen. Gemüsebouillon einrühren und zugedeckt 5-10 Minuten garen. Anschließend pürieren. Zu den Hirseklößchen servieren.

ca. 375 kcal/1130 kJ
pro Portion

# *Kartoffelrollen mit Grünkern*

- Kohlenhydratgruppe

*300 g Kartoffeln (mehlig kochende Sorte)*
*25 g Grünkern, mittelgrob bis grob geschrotet*
*1 Eigelb*
*weißer Pfeffer*
*Meersalz*
*½ TL Kümmel*
*75 g Sahne-Dickmilch*
*2 EL (20 g) Semmelbrösel*
*Semmelbrösel zum Wenden*
*Butterschmalz zum Braten*

***Für die Schnittlauchsauce:***
*1 Bund Schnittlauch*
*200 g Dickmilch (3,5 % Fett)*
*1 TL geriebener Meerrettich*

Kartoffeln mit der Schale garen. Eingeweichten Grünkern im Einweichwasser etwa 20 Minuten zugedeckt kochen, 5-10 Minuten ausquellen lassen. Abgießen, abschrecken und gut abtropfen lassen. Kartoffeln pellen, möglichst heiß durch eine Presse geben, mit Eigelb, Pfeffer, Salz und 1 EL Dickmilch verkneten. Grünkern und Semmelbrösel untermengen, etwas ruhen lassen. Aus der Masse Rollen von jeweils ca. 60 g formen, in Bröseln wenden und goldgelb braten. Für die Schnittlauchsauce restliche Sahne-Dickmilch und Dickmilch verrühren. Schnittlauch untermischen. Mit Meerrettich abschmecken.

ca. 430 kcal/1800 kJ
pro Portion

# Grünkerngemüse mit Pellkartoffeln

▷

• Kohlenhydratgruppe

*400 ml Wasser*
*1-2 EL Kräuterbouillon*
*50 g Grünkern*
*100 g Frühlingszwiebeln*
*3 Tomaten (160 g)*
*100 g Joghurt (3,5 % Fett)*
*50 g Crème fraîche*
*1 TL gehackte Kräuter (Dill, Schnittlauch, Petersilie)*
*Meersalz*
*weißer Pfeffer*
*Paprika, edelsüß*

***Außerdem:***
*500 g Kartoffeln (vorwiegend festkochende Sorte)*

Wasser aufkochen, Kräuterbouillon einrühren. Grünkern dazugeben und zugedeckt bei schwacher Hitze kochen lassen. Frühlingszwiebeln putzen, waschen und in Ringe schneiden. Tomaten abspülen, vierteln, entkernen und würfeln. Joghurt und Crème fraîche mit den Kräutern verrühren. Frühlingszwiebeln, Tomaten und abgetropften, abgekühlten Grünkern dazugeben. Mit Salz, Pfeffer und Paprika abschmecken. Dazu in der Schale gekochte Kartoffeln anrichten.

ca. 425 kcal/1780 kJ
pro Portion

# Gebackene Kartoffeln mit Quark-Kefir-Saucen

• Kohlenhydratgruppe

*500 g Kartoffeln (vorwiegend festkochende Sorte)*
*1 EL Öl*
*Kümmel*
*frischer Majoran*

***Für die Quark-Kefir-Saucen:***
*1 kleine Zwiebel (30 g)*
*1 rote Paprikaschote (100 g)*
*½ Kistchen Kresse*
*150 g Magerquark*
*100 g Kefir (3,5 % Fett)*
*weißer Pfeffer*
*Meersalz*

Kartoffeln waschen, gut abbürsten und ungeschält halbieren. Schnittflächen mit Öl bestreichen und nach Belieben mit Kümmel und Kräutern bestreuen. Mit der Schnittfläche nach oben auf ein mit Backpapier belegtes Blech legen. Im vorgeheizten Backofen, mittlere Schiene, bei 220 °C etwa 30 Minuten backen. Für die Saucen Zwiebel schälen und fein schneiden; Paprikaschote vierteln, Kerne und Trennwände entfernen; Paprikaviertel sehr fein würfeln. Kresse grob schneiden. Quark mit Kefir verrühren. Die Masse teilen. Eine Hälfte mit Kresse, die andere Hälfte mit Zwiebel- und Paprikaschotenwürfeln mischen. Beide Dips zu den Kartoffeln servieren.

ca. 330 kcal/1380 kJ
pro Portion

# Pellkartoffeln mit Schnittlauchquark

• Kohlenhydratgruppe

*600 g Kartoffeln (vorwiegend festkochende Sorte)*
*200 g Magerquark*
*8 EL Buttermilch*
*1 Bund Schnittlauch*
*weißer Pfeffer*
*Meersalz*

Kartoffeln waschen, gründlich abbürsten und garen. Quark und Buttermilch glattrühren, den fein geschnittenen Schnittlauch unterrühren und mit den Gewürzen abschmecken. Die Kartoffeln abgießen, trockendämpfen und mit dem Quark servieren. Die Kartoffeln aufbrechen und mit der Schale essen.

ca. 295 kcal/1235 kJ
pro Portion

# Pellkartoffeln mit Dips

(für 4 Portionen)

• Kohlenhydratgruppe

*1,2 kg Kartoffeln (vorwiegend festkochende Sorte)*

***Für den Kräuter-Quark:***
*1 Becher (175 g) Sahne-Dickmilch*
*100 g Magerquark*
*1 Bund Schnittlauch*
*2 Stiele Dill*
*20 g Kerbel*
*2 Stiele glatte Petersilie*
*2 Stiele Zitronenmelisse*
*weißer Pfeffer*
*Meersalz*

***Für den Kümmel-Quark:***
*250 g Speisequark (20 % F.i.Tr.)*
*125 g Kefir (1,5 % Fett)*
*1 TL Kümmel, grob zerstoßen*
*weißer Pfeffer*
*Meersalz*

***Für den Gurken-Knoblauch-Quark:***
*150 g Salatgurke*
*½ Bund Radieschen*
*1 kleine Knoblauchzehe*
*1 Becher (200 g) Dickmilch (3,5 % Fett)*
*50 g Magerquark*
*weißer Pfeffer*
*Meersalz*

Für den Kräuter-Quark Sahne-Dickmilch und Quark verrühren. Geschnittene Kräuter unterheben. Mit Pfeffer und Salz abschmecken. Für den Kümmel-Quark Speisequark und Kefir verquirlen. Kümmel unterheben. Mit Pfeffer und Salz abschmecken. Für den Gurken-Knoblauch-Quark Gurke und Radieschen abbrausen, trockentupfen und beides in feine Stifte schneiden. Knoblauchzehe schälen und zerdrücken. Dickmilch und Magerquark verühren, die Gurken- und Radieschenstifte unterheben. Mit Pfeffer und Meersalz abschmecken.

ca. 410 kcal/1720 kJ
pro Portion

# Gemüse-Allerlei mit Nußkartoffeln

▷

• Kohlenhydratgruppe

***Für die Nußkartoffeln:***
*375 g mittelgroße Kartoffeln (vorwiegend festkochende Sorte)*
*⅛ l Gemüsebrühe*
*frisch gemahlener weißer Pfeffer*
*25 g Walnußkerne, grob gehackt*
*1 EL Butter*

***Außerdem:***
*1 Packung tiefgefrorenes Gemüse-Allerlei mit Sesam und Walnußkernen (300 g)*
*Petersilie zum Garnieren*

Kartoffeln gründlich waschen, abbürsten und mit der Schale vierteln. Kochende Brühe pfeffern, die Kartoffeln hineingeben. Zugedeckt 12 Minuten darin garen. Walnußkerne und Butter über die Kartoffeln geben. Noch 6 Minuten zugedeckt dünsten. Inzwischen das Gemüse bei milder Hitze 9-12 Minuten dünsten und dabei mehrmals wenden. Mit den Nußkartoffeln anrichten. Mit Petersilie garnieren.

ca. 440 kcal/1840 kJ
pro Portion

**TIP**

Kartoffeln können luftig, kühl und dunkel, ohne Plastik-Verpackung, im Korb ca. 3 Wochen lagern.

# Zucchini mit Käse-Nuß-Füllung

• Kohlenhydratgruppe

*50 g feine Graupen*
*3 Kartoffeln (mehlig kochende Sorte)*
*Wasser*
*Meersalz*
*2 große Zucchini (ca. 600 g)*
*50 g Walnußkerne*
*etwa 60 g Doppelrahm-Frischkäse*
*2 Eigelb*
*4 frische Pfefferminzblätter*
*1 Msp. schwarzer Pfeffer*
*1½ EL Sonnenblumenöl*
*¼ l Gemüsebrühe*

Graupen und Kartoffeln in der Schale getrennt in gesalzenem Wasser garen. Zucchini an den Enden ½ cm abschneiden. In Salzwasser ca. 5 Minuten kochen, abkühlen lassen. Längs halbieren, Fruchtfleisch bis auf ½ cm herausnehmen und fein hacken. Abgedämpfte Kartoffeln schälen und noch heiß mit der Gabel zerkleinern. Mit den abgetropften, abgekühlten Graupen, Zucchinifleisch, gehackten Walnußkernen, verrührtem Käse, Eigelb und gehackten Minzblättern (einige Blätter beiseite legen) zu einem Teig mischen. Pikant abschmecken. Die ausgehöhlten Zucchinihälften leicht pfeffern und salzen. Die Füllung hineingeben. In eine feuerfeste Auflaufform setzen. Öl über die Zucchini träufeln. Mit Gemüsebrühe angießen. Im vorgeheizten Backofen, mittlere Schiene, bei 200 °C etwa 40 Minuten backen. Mit restlicher Minze garnieren.

ca. 640 kcal/2680 kJ
pro Portion

# Kartoffel-Apfel-Lauch-Gemüse

▷

• Kohlenhydratgruppe

*125 g Kartoffeln (vorwiegend festkochende Sorte)*
*je 250 g Lauch und mürbe Äpfel*
*1½ EL Butter*
*Meersalz*
*weißer Pfeffer*
*1 Prise gemahlener Kümmel*
*⅛ l Gemüsebrühe (Instant)*
*1½ EL Sonnenblumenkerne (30 g)*

Kartoffeln schälen, in Scheiben schneiden; Lauch putzen, waschen, in schräge Ringe schneiden. Äpfel schälen, vierteln, entkernen und in Spalten schneiden. Lauch, Kartoffelscheiben und Apfelstücke in 1 EL Butter andünsten. Würzen. Mit Gemüsebrühe auffüllen. 5-10 Minuten köcheln lassen. Separat in einer beschichteten Pfanne mit restlicher Butter die Sonnenblumenkerne goldgelb rösten. Über das Gemüse streuen.

ca. 315 kcal/1320 kJ
pro Portion

# Béchamelkartoffeln mit Lauch

• Kohlenhydratgruppe

*500 g Kartoffeln (vorwiegend festkochende Sorte)*
*250 g Lauch*
*⅛ l Wasser*
*1 Prise Meersalz*
*je 1 Stengel Petersilie, Dill, Kerbel, Liebstöckel*
*1 kleine Zwiebel (30 g)*
*1 EL Butter*
*1 TL Mehl*
*⅛ l Gemüsebrühe*
*weißer Pfeffer*
*3 EL Sahne oder Crème fraîche*

Kartoffeln unter fließendem Wasser abbrausen, in der Schale etwa 35 Minuten kochen lassen. Abgießen, pellen, abkühlen lassen und in Scheiben schneiden. Lauch putzen,waschen und in dünne Ringe schneiden. In gesalzenem Wasser etwa 10 Minuten zugedeckt garen. Dann herausnehmen, gut abtropfen lassen. Kräuter abbrausen, trockenschwenken, die Blätter von den Stielen zupfen und hacken. Zwiebel schälen und würfeln. Butter erhitzen, die Zwiebelwürfel darin glasig werden lassen. Mehl darüberstäuben, verrühren und nach und nach die Gemüsebrühe dazugießen. 5 Minuten unter Rühren kochen lassen. Mit Salz und Pfeffer würzen. Die Sahne oder Crème fraîche unterrühren. Kartoffeln, Lauchringe und gehackte Kräuter hineingeben, einen Teil vorsichtig unterheben; den Rest darüber streuen.

ca. 355 kcal/1485 kJ
pro Portion

**TIP**

Kartoffeln gibt es ganzjährig. Von Juni bis 10. August sind es Speisefrühkartoffeln. Danach heißen sie Speisekartoffeln. Deutsche Sorten werden eingelagert und auf Anfrage an den Handel geliefert.

# Kartoffelgulasch mit Gurken

▷

• Kohlenhydratgruppe

*250 g Kartoffeln (vorwiegend festkochende Sorte)*
*50 g geräucherter durchwachsener Speck*
*2 Zwiebeln (je 50 g)*
*1 Salatgurke (150 g)*
*⅛ l Gemüsebrühe (Instant)*
*1 Msp. Agar-Agar*
*Meersalz*
*weißer Pfeffer*
*1 TL Honig*
*1 Petersilienstengel*

Kartoffeln in der Schale 15 Minuten garen. Speck würfeln, Zwiebeln schälen, fein hacken. Speck auslassen und herausnehmen. Zwiebeln im Speckfett glasig werden lassen. Salatgurke in Scheiben schneiden und mitdünsten. Mit heißer Gemüsebrühe aufgießen. Kartoffeln pellen; dann in grobe Würfel schneiden. Zu den Gurken geben. Die Brühe mit in wenig Wasser verrührtem Agar-Agar binden und mit den Gewürzen und Honig abschmecken. Mit Speckwürfeln und gehackter Petersilie bestreuen.

ca. 290 kcal/1215 kJ
pro Portion

# Kartoffeleintopf

• Kohlenhydratgruppe

*500 g Kartoffeln (vorwiegend festkochende Sorte)*
*2 Zwiebeln (je 50 g)*
*250 g Wirsingkohl*
*1 TL hochwertige Margarine*
*¼ l Gemüsebrühe (Instant)*
*75 g tiefgefrorene Erbsen*
*Meersalz, weißer Pfeffer*
*2 Stiele frisches Majoran*
*3 EL tiefgefrorene Petersilie*

Kartoffeln und Zwiebeln schälen und würfeln. Wirsingkohl putzen, waschen, in Streifen schneiden. In leicht gesalzenem Wasser 3 Minuten blanchieren. Herausnehmen, gut abtropfen lassen. Kartoffeln und Zwiebeln zusammen in der heißen Margarine glasig dünsten. Gemüsebrühe zugießen. Wirsingkohlstreifen zufügen. Alles ca. 15 Minuten zugedeckt garen. Tiefgefrorene Erbsen einstreuen. Mit Salz und Pfeffer würzen. Majoran abspülen, trockenschwenken, Majoranblättchen von den Stielen zupfen. Mit der Petersilie unter das Gericht heben.

ca. 280 kcal/1170 kJ
pro Portion

## TIP

Kartoffeln von guter Qualität zeichnen sich durch saubere, unverletzte Schalen ohne Faul- oder grünen Stellen sowie ohne Keimansätze aus. Festkochende Sorten für Salat-, Pell- und Bratkartoffeln: z.B. Hansa, Linda, Siglinde, Forelle, Celia. Vorwiegend festkochende Sorten: für Salz- und Pellkartoffeln, für Salate und Püree: z.B. Grata, Granola, Christa, Hela, Gloria, Grandifolia, Desirée, Solina, Samara, Libora. Mehlig kochende Sorten für Püree, Kartoffelklöße: z.B. Irmgard, Likaria, Aula, Adretta.

# *Vollkornnudeln mit buntem Gemüse*

▷

• Kohlenhydratgruppe

*200 g Vollkornspaghetti*
*125 g Lauch*
*2 mittelgroße Möhren (125 g)*
*100 g kleine Austernpilze*
*1 kleine Knoblauchzehe*
*2 große Tomaten (250 g)*
*1½ EL Butterschmalz*
*1 TL frisch geriebene Ingwerwurzel*
*Meersalz*
*weißer Pfeffer*
*¼ l Gemüsebrühe (Instant)*
*2 TL Sesamsamen*

Die Vollkornnudeln bißfest garen. Gemüse waschen und putzen. Lauch in feine Streifen schneiden. Die Möhren mit dem Sparschäler längs in breite, dünne Scheiben, dann in Stücke schneiden. Die Austernpilze putzen und halbieren. Knoblauch schälen und zerdrücken. Tomaten obenauf einritzen und überbrühen, häuten, achteln, entkernen und würfeln. Beiseite stellen. Butterschmalz erhitzen, Lauchstreifen, Möhren, Pilze, Knoblauch und Ingwer hineingeben. Etwas salzen und pfeffern. Die Brühe nach und nach aufgießen. Das Gemüse unter Rühren bißfest garen. Die Tomatenwürfel unterheben. Die Nudeln anrichten, das Gemüse darübergeben und mit Sesamsamen bestreuen.

ca. 565 kcal/2365 kJ
pro Portion

# *Vollkornspaghetti mit Pilzen*

• Kohlenhydratgruppe

*10 g getrocknete Steinpilze oder Mu-err*
*250 g Vollkornspaghetti*
*Meersalz*
*1 Zwiebel*
*1 Knoblauchzehe*
*125 g Champignons*
*125 g Austernpilze*
*15 g Butterschmalz*
*⅛ l Gemüsebrühe (Instant)*
*½ Becher Sahne (100 g)*
*frisch gemahlener weißer Pfeffer*
*2 EL tiefgefrorene Petersilie*

Getrocknete Pilze in kaltem Wasser einweichen. Nudeln in leicht gesalzenem Wasser bißfest kochen. Zwiebel und Knoblauchzehe schälen. Zwiebel in Ringe schneiden, Knoblauchzehe zerdrücken. Champignons in Scheiben, Austernpilze in Stücke schneiden. Butterschmalz erhitzen, Zwiebelringe und Knoblauch darin glasig werden lassen. Pilze zufügen. Eingeweichte Pilze abgießen, mehrmals abspülen, dann kleinschneiden und ebenfalls zu den anderen Pilzen geben. Gemüsebrühe und Sahne zugießen. 5 Minuten kochen lassen. Salzen und pfeffern. Nudeln auf einer vorgewärmten Platte anrichten, die Pilze darübergeben. Mit Petersilie bestreuen.

ca. 790 kcal/3305 kJ
pro Portion

# Nudelauflauf mit Sauerkraut

• Kohlenhydratgruppe

*125 g Vollkornnudeln*
*Meersalz*
*250 g Sauerkraut*
*1 kleine Zwiebel (30 g)*
*100 g Putenbrustfilet, geräuchert*
*2 Eigelb*
*1 Becher (175 g) Sahne-Dickmilch (10 % Fett)*
*weißer Pfeffer*
*10 g Butter für die Form*
*1 TL Petersilie, gehackt*

Nudeln in leicht gesalzenem Wasser bißfest garen. Sauerkraut mit 2 Gabeln zerpflücken und mit den gegarten Nudeln mischen. Zwiebel schälen, fein hacken; Putenbrustfilet würfeln. Eigelb und Sahne-Dickmilch gut verquirlen, mit Salz und Pfeffer würzen. Mit den Putenbrustfiletwürfeln unter die Nudel-Sauerkraut-Mischung geben. In eine gefette Auflaufform füllen. Im vorgeheizten Backofen, untere Schiene, bei 180 °C etwa 30 Minuten backen. Mit Petersilie bestreuen.

ca. 510 kcal/2135 kJ
pro Portion

# Nudeln mit Gemüse und Basilikum

• Kohlenhydratgruppe

*25 g Pinienkerne*
*1 kleine Knoblauchzehe*
*ca. 25 frische Basilikumblätter*
*Meersalz*
*3-4 EL OLivenöl*
*1 Packung tiefgefrorenes Gemüse-Allerlei mit Sesam und Walnußkernen (300 g)*
*150 g Kartoffeln (vorwiegend festkochende Sorte)*
*125 g Vollkorn-Bandnudeln*

Pinienkerne in einer Pfanne ohne Fett hellgelb rösten. Die Knoblauchzehe schälen. Pinienkerne, Knoblauchzehe und Basilikumblätter im Mixbecher zerkleinern. Dabei salzen und tropfenweise Öl zugeben, bis eine grünliche Paste entsteht. Beiseite stellen. Das Gemüse in der Pfanne bei milder Hitze 9-13 Minuten dünsten und mehrmals wenden. Kartoffeln schälen, vierteln und in viel Salzwasser 10 Minuten garen. Dann die Bandnudeln zufügen und alles zusammen fertiggaren. Wasser abgießen (ca. 8 EL auffangen); Nudeln und Kartoffeln in eine Schüssel geben und warm stellen. Die grünliche Paste mit dem Kochwasser glattrühren und mit dem Gemüse, den Nudeln und Kartoffeln vorsichtig mischen.

ca. 725 kcal/3035 kJ
pro Portion

# *Vollkornlasagne mit Gemüse*

(für 6 Portionen)

• Kohlenhydratgruppe

*600 g Weizenvollkornschrot*
*8 Eigelb*
*1 Tasse Wasser*
*2 EL Olivenöl*
*6 Tomaten (500 g)*
*je 500 g weißer und grüner Spargel*
*300 g Butterkäse, grob geraffelt (60 % F.i.Tr.)*
*¼ l Sahne*
*Meersalz*
*weißer Pfeffer*
*5-6 Stiele frischer Oregano und Majoran*
*20 g Butter*

Weizenschrot in eine Schüssel geben, eine Mulde hineindrücken; Salz, 5 Eigelb, Wasser und das Olivenöl hineingeben. Alles mit dem Handrührgerät (Knethaken) zu einem Teig verarbeiten. Den Teig 60 Minuten zugedeckt im Kühlschrank ruhen lassen. Die Tomaten obenauf einritzen, mit kochendem Wasser überbrühen, häuten. Die Tomaten in Scheiben schneiden.
Weißen Spargel schälen, vom grünen Spargel nur die Enden abschneiden. Beide Sorten in wenig leicht gesalzenem Wasser 3-4 Minuten garen. Herausnehmen und abtropfen lassen.
Die Sahne mit restlichem Eigelb und dem Käse verrühren. Mit Salz und Pfeffer würzen. Die Kräuterblättchen von den Stielen zupfen und hacken. Den Nudelteig in drei Teige teilen. Jeweils auf einer bemehlten Fläche dünn ausrollen und 3-4 Teigplatten in Größe der Auflaufform ausschneiden. Die Teigstücke in kochendem Salzwasser ca. 3 Minuten ziehen lassen. Herausnehmen, abtropfen lassen. Die Auflaufform mit Butter einfetten. Mit einer Nudelplatte beginnen, darauf etwas Gemüse, etwas Eier-Sahne-Gemisch und Kräuter geben. Die zweite Nudelplatte darüberlegen und weiter so verfahren, bis alles verbraucht ist. Mit einer Nudelschicht abschließen. Die restliche Eier-Sahne-Mischung darüber verteilen. Den Auflauf im vorgeheizten Backofen, untere Schiene, bei 200 °C ca. 40 Minuten backen.

ca. 795 kcal/3325 kJ
pro Portion

*Abb. S. 141*
*Hähnchen mit Gemüse „Ginza"*
*Rezept S. 142*

Hauptgerichte
Eiweißgruppe

# Pfannengerührtes Hähnchenfilet

▷

• Eiweißgruppe

***Für die Marinade:***
*1 EL gehackter frischer Ingwer*
*2 TL gehackter Knoblauch*
*1 EL Sojasauce, salzig*
*2 EL Reiswein oder Sherry*

***Für das Pfannengerührte:***
*2 Hähnchenbrustfilets (200 g)*
*1 EL (10 g) getrocknete Mu-err*
*1 kleine Zwiebel (30 g)*
*1 Möhre (80 g)*
*1 kleine Stange Lauch (100 g)*
*4 Chinakohlblätter (150 g)*
*1 EL Pflanzenöl*
*30 g Bambussprossen*
*50 g Zuckerschoten*
*1 EL Sojasauce, salzig*

Alle Zutaten für die Marinade verrühren. Hähnchenbrustfilet in Streifen schneiden und in der Marinade ziehen lassen. Pilze in kochendem Wasser einweichen. Zwiebel fein würfeln; Möhre, Lauch, Chinakohlblätter in Streifen schneiden. Pflanzenöl in einer Pfanne erhitzen. Abgetropftes Hähnchenfleisch darin unter Rühren braten, herausnehmen. Dann die abgetropften Pilze, das Gemüse, Bambussprossen und Zuckerschoten zugeben; unter Rühren 5 Minuten garen. Marinade und gebratenes Hähnchenfleisch zugeben; mit Sojasauce abschmecken.

ca. 230 kcal/965 kJ
pro Portion

# Hähnchen mit Gemüse „Ginza" (Abb. S. 141)

• Eiweißgruppe

***Für die Marinade:***
*3 EL Sojasauce*
*2 EL Sherry, trocken*

***Für das Hähnchen:***
*3 Shii-take-Pilze, getrocknet*
*2 Hähnchenbrustfilets (200 g)*
*2 Chinakohlblätter oder zarter Wirsingkohl*
*30 g Bambussprossen*
*1 Stange Staudensellerie*
*3 Kirschtomaten*
*1 EL Pflanzenöl*
*125 g Zuckerschoten*
*1 Stück Ingwerwurzel, gerieben*
*1 Knoblauchzehe, gehackt*
*200 ml Hühnerbrühe*
*2 EL Sake (oder Sherry)*
*1 TL Agar Agar*
*2 EL Sojasauce, weißer Pfeffer*

Zutaten für die Marinade verrühren. Die Pilze in heißem Wasser einweichen. Die Hühnerbrüstchen würfeln. In der Marinade ca. 2 Stunden ziehen lassen. Chinakohlblätter, Bambussprossen und Staudensellerie in Stücke schneiden. Die Kirschtomaten halbieren. 1 TL Öl in der Pfanne erhitzen. Die Ingwerwurzel und den Knoblauch zufügen. Chinakohl, Pilze und Staudensellerie dazugeben. 1-2 Minuten unter ständigem Rühren dünsten. 4 EL Hühnerbrühe zugießen und weiterdünsten. Dann aus der Pfanne nehmen. Das restliche Öl erhitzen, die Hühnerbrustfiletstücke eine Minute dünsten; dann mit etwas Sake beträufeln. Das Gemüse kurz miterhitzen. Nach und nach die Hühnerbrühe zufügen. Das mit restlichem Sake angerührte Agar Agar einrühren. Mit Sojasauce und Pfeffer abschmecken.

ca. 265 kcal/1110 kJ
pro Portion

# *Hähnchenfilets mit Fenchel und Austernpilzen* ▷

• Eiweißgruppe

*2 Hähnchenbrustfilets (200 g)*
*2 Eigelb*
*1 EL Dijon-Senf*
*2 EL Creme double*
*2 El gehackte Kräuter*
*weißer Pfeffer*
*Meersalz*
*200 g Fenchelknolle*
*100 g Austernpilze*
*30 g Butter*
*60 ml Weißwein, trocken*
*⅛ l Geflügelfond*
*4 EL Sahne*
*1 EL Butterschmalz*

Hähnchenbrustfilets salzen und pfeffern. Eigelb, Senf, Creme double und Kräuter verrühren, das Fleisch damit bestreichen. Beiseite stellen. Fenchel und Austernpilze waschen und putzen, Fenchelgrün beiseite legen; in Butter anbraten, mit Weißwein und Geflügelfond aufgießen. Etwa 20 Minuten köcheln lassen. Fenchel und Pilze herausnehmen, warm stellen. Den Sud mit Sahne mischen; eiskalte Butter einschlagen, mit Salz und Pfeffer würzen; nicht mehr kochen lassen. Die Fenchel-Pilz-Mischung hineingeben. Das Hähnchenfilet nochmals mit der Kräutermischung bestreichen und in heißem Butterschmalz von beiden Seiten ca. 6 Minuten braten. Mit dem Gemüse anrichten; mit Fenchelgrün bestreuen.

ca. 620 kcal/2595 kJ
pro Portion

# *Putenbrustgeschnetzeltes in Käsesauce*

• Eiweißgruppe

*250 g Putenbrustfilet*
*125 g Champignons*
*2 Schalotten (20 g)*
*15 g Margarine*
*⅛ l Gemüsebrühe (Instant)*
*100 g Kräuter-Frischkäse*
*1 TL Agar Agar*
*Meersalz*
*weißer Pfeffer*
*1 TL Zitronensaft*
*2 EL tiefgefrorene Petersilie*

Putenbrust in dünne Streifen, Champignons in Scheiben, Schalotten in Würfel schneiden. Margarine erhitzen, Schalotten andünsten. Fleischstreifen zufügen, kurz mitbraten. Pilze zufügen. Alles aus der Pfanne nehmen und warm stellen. Bratfond mit Brühe ablöschen. Frischkäse unter Rühren in die Sauce geben. Das mit wenig Wasser verrührte Agar Agar einrühren. Abschmecken. Fleisch und Pilze in die Sauce geben. Mit Petersilie bestreuen.

ca. 320 kcal/1340 kJ
pro Portion

# *Exotisches Truthahncurry*

▷

• Eiweißgruppe

*100 g Fruchtfleisch einer frischen Kokosnuß*
*1 kleine Mango (200-250 g)*
*3 Frühlingszwiebeln*
*300 g Truthahnschnitzel*
*1 EL Pflanzenöl*
*1 EL Currypulver*
*Meersalz*
*100 ml Sahne*
*1 TL Agar Agar*
*etwas Currypulver*

Kokosfruchtfleisch mit dem Sparschäler in Streifen hobeln. Mango schälen, Fruchtfleisch in Spalten teilen und halbieren. Frühlingszwiebeln putzen, waschen und in Stücke schneiden. Das Fleisch abspülen, trockentupfen und in Streifen schneiden. Öl in einer Pfanne erhitzen, das Fleisch darin anbraten. Zwiebeln und Kokosscheiben kurz mitbraten. Curry darüberstäuben und anschwitzen. Das Fleisch zugeben, kurz darin schwenken und in den Topf zurückgeben. Mit 75 ml Wasser aufgießen, salzen und zugedeckt 5 Minuten garen. Sahne mit Agar Agar verrühren, zum Fleisch geben und aufkochen. Mangostücke unterheben, kurz erhitzen. Mit Curry abschmecken.

ca. 635 kcal/2655 kJ
pro Portion

# *Truthahnbrust mit Möhren-Zwiebel-Gemüse*

(für 8 Portionen)

• Eiweißgruppe

*4 EL Senf, mittelscharf*
*1 EL Pflanzenöl*
*1 EL Tomatenmark*
*1 TL Paprika, edelsüß*
*Meersalz, weißer Pfeffer*
*1 Truthahnbrust (ca. 2,5 kg)*
*1 kg Möhren*
*500 g Zwiebeln*
*40 g Butterschmalz*
*Saft von zwei Zitronen*
*1 Bund Basilikum*
*evtl. etwas Agar Agar zum Binden*

Den Römertopf in kaltem Wasser einweichen. Senf, Öl, Tomatenmark, Paprika und Salz verrühren. Truthahnbrust rundherum damit bestreichen. In den Römertopf setzen und zugedeckt in den kalten Backofen stellen. Bei 200 °C 90 Minuten braten. Inzwischen Möhren waschen, putzen, in Scheiben, Zwiebeln in Achtel schneiden. Deckel abnehmen, Fleisch mit Bratflüssigkeit begießen und weitere 20 Minuten offen braten. Butterschmalz in einem Topf erhitzen, die Gemüse darin anbraten. Zitronensaft und 100 ml Wasser zufügen. Mit Salz und Pfeffer würzen. Zugedeckt 12 Minuten dünsten. Basilikumblätter in Streifen schneiden. Kurz vor dem Servieren über das Gemüse geben. Braten herausnehmen; den Fond in einem Topf aufkochen und mit in wenig Wasser verrührtem Agar Agar binden. Das Fleisch in Scheiben schneiden, mit der Sauce und dem Gemüse servieren.

ca. 470 kcal/1970 kJ
pro Portion

# *Truthahnoberkeule mit Austernpilzen*

▷

(für 4 Personen)

• Eiweißgruppe

*1 Truthahnoberkeule*
*(ca. 1400 g)*
*Meersalz, weißer Pfeffer*
*3 EL Butterschmalz*
*1 Zwiebel (50 g)*
*¼ l Wasser*
*2 Lorbeerblätter*
*600 g Austernpilze*
*100 g Sahne*
*Paprika, edelsüß*
*1 EL Zitronensaft*

Truthahnoberkeule mit Salz und Pfeffer einreiben; in 2 EL Butterschmalz rundherum anbraten. Geschälte, gewürfelte Zwiebel zufügen und mitdünsten. Das Wasser aufgießen, die Lorbeerblätter zugeben. Im vorgeheizten Backofen, untere Schiene, bei 200 °C 2 Stunden zugedeckt schmoren. Inzwischen die Austernpilze putzen, zerkleinern und nach 60 Minuten der Garzeit zugeben. Ohne Deckel weiterbraten. Die Keule aus dem Bräter nehmen, in Scheiben schneiden und warm stellen. Die Sahne zu den Pilzen geben, nochmals aufkochen, mit Salz, Pfeffer, Paprika und Zitronensaft abschmecken.

ca. 615 kcal/2575 kJ
pro Portion

# *Truthahnrollbraten mit Steinpilzsahne*

(für 4 Portionen)

• Eiweißgruppe

*25 g getrocknete Steinpilze*
*1 kg Truthahnrollbraten aus Brustfleisch*
*Meersalz*
*weißer Pfeffer*
*50 g Butterschmalz*
*200 g Zwiebeln*
*je 250 g Austernpilze und Champignons*
*200 ml Sahne*
*evtl. etwas Agar Agar*

Steinpilze gut waschen und in ½ l lauwarmem Wasser 30 Minuten einweichen. Das Fleisch mit Salz und Pfeffer einreiben. 2 EL Butterschmalz in einem Bräter erhitzen. Fleisch darin rundherum anbraten. Zwiebeln schälen und achteln, zum Fleisch geben und mitbraten. Steinpilze mit der Einweichflüssigkeit zum Fleisch geben. Zugedeckt bei mittlerer Hitze 60 Minuten garen. Pilze putzen, waschen, halbieren. Im restlichen Fett kurz andünsten. Mit Salz und Pfeffer würzen. Braten herausnehmen. Schmorflüssigkeit in einen Topf gießen. Braten und angedünstete Pilze wieder in den Bräter geben und zugedeckt bei geringer Hitze weitergaren. Sahne zur Bratflüssigkeit geben, 6 Minuten einkochen lassen. Mit dem Mixstab pürieren, eventuell mit etwas Agar Agar binden.

ca. 600 kcal/2510 kJ
pro Portion

# Kaninchenrücken mit Apfel-Sonnenblumenkernchensauce

▷

• Eiweißgruppe

*20 g Sonnenblumenkerne*
*1 großer säuerlicher Apfel (150 g), Saft einer Zitrone*
*1 Zwiebel (60 g)*
*25 g Butter*
*1 Stückchen frischer Ingwer, gehackt*
*Meersalz*
*60 ml Weißwein, trocken*
*100 ml Sahne*
*100 ml Kalbsfond*
*2 Kaninchenrücken (je etwa 270 g)*
*1 EL Sonnenblumenöl*

Die Sonnenblumenkerne in einer Pfanne ohne Fett rösten. Den Apfel schälen, das Fruchtfleisch in 1-2 cm große Würfel schneiden. In Zitronenwasser legen. Die Zwiebel schälen, klein würfeln, in der Butter andünsten. Die Apfelwürfel abtropfen lassen, mit Salz und Ingwer zu den Zwiebeln geben. 2 Minuten dünsten. Mit Wein ablöschen, aufkochen. Die Sahne und die Hälfte des Kalbsfonds dazugeben. Die Kaninchenrücken in einem Bräter rundum in dem Öl anbraten. Im vorgeheizten Backofen, mittlere Schiene, bei 220 °C 30 Minuten garen. Dabei wiederholt mit restlichem Kalbsfond begießen. Herausnehmen, in Alufolie wickeln. Den Fond mit den Sonnenblumenkernen in die Sauce geben, erhitzen. Die Rückenfilets auslösen und schräg in Scheiben schneiden; auf der Sauce anrichten.

Ca. 840 kcal/ 3515 kJ pro Portion

# Lammkoteletts mit Pesto

• Eiweißgruppe

*2 Bund frischer Koriander*
*2 Knoblauchzehen*
*75 g Sonnenblumenkerne*
*30 g Parmesan, frisch gerieben*
*60 ml Sonnenblumenöl*
*schwarzer Pfeffer*
*Meersalz*
*1 Tl Zitronensaft*
*2 doppelte Lammkoteletts*
*1 EL Öl zum Braten*

Den Koriander abbrausen und die Blätter von den Stielen zupfen. Knoblauch schälen. Von den Sonnenblumenkernen 2 TL abnehmen, mit Koriander und dem Knoblauch im Mixer pürieren. Den Parmesankäse untermischen und das Sonnenblumenöl langsam unterrühren, so daß eine Paste entsteht. Das Pesto mit Pfeffer, Salz und Zitronensaft würzen. Die Lammkoteletts in heißem Sonnenblumenöl von beiden Seiten braten, dann salzen und pfeffern. Die restlichen Sonnenblumenkerne kurz vor Ende der Garzeit in die Pfanne streuen und kurz mitrösten. Die Lammkoteletts mit dem Koriander-Sonnenblumen-Pesto anrichten.

ca. 1050 kcal/4395 kJ pro Portion

The flakiest pastry ever, plus
HOLIDAY

# Kasseler mit Apfel-Tomaten-Chutney

▷

• Eiweißgruppe

*1 großer säuerlicher Apfel (150 g)*
*200 g Tomaten*
*100 ml Apfelsaft*
*¼ TL Ingwerpulver*
*1 Prise gemahlene Nelken*
*2 TL abgeriebene Orangenschale*
*40 g ungeschwefelte Rosinen*
*300 g Kasseler ohne Knochen*

Den Apfel schälen, vierteln, das Kerngehäuse entfernen und die Apfelviertel in Stücke schneiden. Tomaten überbrühen, häuten, vierteln, die Stengelansätze entfernen; die Tomaten würfeln. Apfelstücke mit den Tomaten, dem Apfelsaft, den Gewürzen und den Rosinen mischen. Die Hälfte davon in eine feuerfeste Form geben. Das in Scheiben geschnittene Kasseler darauf verteilen. Die abgeriebene Orangenschale darüberstreuen. Restliches Apfel-Tomaten-Gemisch darübergeben. Mit Alufolie verschließen. In den vorgeheizten Backofen, untere Schiene, stellen und bei 200 °C 20 Minuten garen. Die Folie entfernen und weitere 10 Minuten braten.

ca. 515 kcal/2155 kJ pro Portion

# Hirten-Topf

(für 4 Portionen)

• Eiweißgruppe

*1 Glas Feta-Würfel (Abtropfgewicht 150 g)*
*600 g Champignons*
*je 1 rote und grüne Paprikaschote (je 200 g)*
*750 g Lamm-Hackfleisch*
*150 Crème fraîche*
*1 EL frische, gehackte Kräuter (Petersilie, Rosmarin, Salbei, Lorbeer)*
*Meersalz*
*weißer Pfeffer*
*200 g Feta im Stück*

Fetawürfel in ein Sieb geben, das Öl auffangen. Champignons putzen, in Scheiben schneiden, abgespülte Paprikaschoten vierteln, Kerne entfernen und die Paprikaviertel in Streifen schneiden. Das aufgefangene Öl in einer Pfanne erhitzen. Hackfleisch darin anbraten, Champignons und Paprikaschoten zugeben. Unter Wenden dünsten. Crème fraîche und die Kräuter unterheben, salzen und pfeffern. Alles in eine feuerfeste Form füllen. Im vorgeheizten Backofen, mittlere Schiene, bei 200 °C ca. 20 Minuten backen. Feta im Stück zerkrümeln, über den Auflauf geben und noch weitere 20 Minuten garen.

ca. 850 kcal/3555 kJ pro Portion

# *Feta im Mangoldkleid*

▷

(für 4 Portionen)

• Eiweißgruppe

*350 g rote Bete*
*750 g Mangold*
*Meersalz, Pfeffer*
*400 g Feta im Stück*
*Paprika, edelsüß*
*1 Bund Dill*
*1 Schalotte, gehackt*
*1 EL Butter*
*⅛ l Weißwein, trocken*
*2 EL Crème fraîche*
*Estragon zum Garnieren*

Rote Bete putzen, gründlich abbürsten und in Salzwasser 40 Minuten garen. Inzwischen Mangold putzen, die Stiele entfernen. Blätter in reichlich Salzwasser eine Minute blanchieren. Abtropfen lassen, auf Küchenpapier ausbreiten. Pfeffern. Feta in 4 Stücke teilen, mit Paprika bestreuen, mit Dill belegen, mit je 3-4 Mangoldblättern fest umwickeln. Päckchen in einem Sieb- oder Dampfeinsatz über kochendem Wasser im geschlossenen Topf 15 Minuten dämpfen. Die gekochten roten Bete schälen und fein stifteln. Die Schalottenwürfel in heißer Butter glasig dünsten. Wein angießen. Kräftig würzen. Crème fraîche unterrühren. Rote-Bete-Stifte zugeben. Kurz aufkochen. Sauce und Mangoldpäckchen anrichten. Mit Estragon garnieren.

ca. 470 kcal/1965 kJ
pro Portion

# *Frischkäse-Spinat-Tarte*

(für 6 Portionen)

• Eiweißgruppe

***Für den Teig:***
*220 g Roggenmehl*
*1 Ei, 2 EL Milch*
*100 g Butter, Meersalz*
*etwas Butter zum Einfetten*
*Mehl zum Ausrollen*

***Für die Füllung:***
*4 Zwiebeln, gehackt (200 g)*
*30 g Margarine*
*600 g Tiefkühl-Spinat*
*Meersalz, weißer Pfeffer*
*geriebene Muskatnuß*
*100 g gekochter Schinken*
*200 g Frischkäse (60 % F.i.Tr.)*
*250 g Speisequark*
*(20 % F. i.Tr.)*
*3 Eigelb*

Mehl, Ei, Milch, Butterflöckchen und Salz zu einem Teig verkneten. Eine eingefettete Tarte-Form (30 cm Duchmesser) damit auslegen. Den Rand 2 cm hochziehen. Teigboden mehrmals mit einer Gabel einstechen. Zwiebeln in heißem Fett glasig dünsten. Aufgetauten Spinat abtropfen lassen, zugeben und so lange rühren, bis die Flüssigkeit verdampft ist. Würzen. Schinken würfeln. Frischkäse und Quark mit den Eiern verrühren, salzen und pfeffern. Die Masse auf den Teig streichen. Den Spinat hineingeben und Schinkenwürfel darauf verteilen. Im vorgeheizten Backofen, untere Schiene, bei 200 °C 45 Minuten backen.

Ca. 545 kcal/ 2280 kJ
pro Portion

# *Brokkoli-Flan mit Emmentaler Käse*

▷

(für 4 Portionen)

• Eiweißgruppe

*500 g Brokkoli*
*Meersalz, Pfeffer*
*300 g Crème fraîche*
*5 Eier*
*200 g geriebener Emmentaler (45 % F.i.Tr.)*
*geriebene Muskatnuß*
*2 EL Butter*

Brokkoli putzen, waschen, in mundgerechte Stücke schneiden und in Salzwasser etwa 10 Minuten garen. Herausnehmen, abtropfen lassen. Crème fraîche, Eier und Käse verrühren; mit Muskat, Pfeffer und Salz würzen. Eine flache feuerfeste Form mit etwas Butter einfetten. Die Brokkolistücke hineingeben, die Eiermasse darüber verteilen. Restliche Butter in Flöckchen obenauf geben. Den Flan im vorgeheizten Backofen, mittlere Schiene, bei 200 °C 20 Minuten backen, bis die Eiermasse gestockt ist.

ca. 650 kcal/2720 kJ
pro Portion

# *Kürbis-Zucchini-Gratin*

(für 4 Portionen)

• Eiweißgruppe

*500 g Kürbisfleisch*
*¼ l Cidre*
*1 Stück frischer Ingwer*
*1 Gewürznelke*
*Meersalz*
*2 mittelgroße Zucchini (300 g)*
*30 g Butter*
*5 EL Wasser*
*Zitronenpfeffer*
*60 g Sonnenblumenkerne*
*200 g Crème fraîche*
*4 Eigelb*
*weißer Pfeffer*

Das Kürbisfleisch in 1 cm große Würfel schneiden. Ingwer schälen, in 3 Scheiben schneiden. Den Cidre mit 2 Ingwerscheiben, der Nelke und wenig Salz erhitzen. Den Kürbis darin 5-10 Minuten bißfest garen. Abtropfen lassen. Die Zucchini waschen, in vier gleichgroße Stücke schneiden. Die Stücke längs achteln. Die Hälfte der Butter schmelzen, die Zucchini, das Wasser, den Zitronenpfeffer und Salz dazugeben. 5 Minuten kochen, abtropfen lassen. Die Sonnenblumenkerne fettfrei rösten. Eine feuerfeste Form mit restlicher Butter einfetten. Crème fraîche, Eigelb, Pfeffer und Salz verrühren. Die restliche Ingwerscheibe zerdrückt dazugeben. Kürbis auf der einen Seite der Gratinform, Zucchini, mit der Schale nach oben, auf der anderen Seite einschichten. Die Sonnenblumenkerne über das Gemüse streuen und mit Crème fraîche begießen. Im vorgeheizten Backofen, mittlere Schiene, bei 220 °C 15 Minuten backen.

ca. 450 kcal/1885 kJ
pro Portion

# *Gebackene Äpfel mit Fleischfüllung*

▷

(für 4 Portionen)

• Eiweißgruppe

*4 große säuerliche Äpfel (600 g)*
*2 EL Zitronensaft*
*70 g gemischtes Hackfleisch*
*70 g Kalbsleber, feingehackt*
*½ TL Salbei, gehackt*
*Meersalz*
*weißer Pfeffer*
*20 g Butter für die Form*
*⅛ l Weißwein, trocken*

Die Äpfel waschen, eine Kappe abschneiden und aushöhlen. Kerngehäuse entfernen und das Fruchtfleisch hacken. Mit 1 EL Zitronensaft mischen. Mit dem Hackfleisch, der Leber, Salbei, Salz, Pfeffer und dem restlichen Zitronensaft mischen, kräftig abschmecken. Die Äpfel mit der Masse füllen, in eine flache, gefettete Auflaufform setzen. Restliche Butter in Flöckchen darauf verteilen. Den Wein angießen. Im vorgeheizten Backofen, untere Schiene, bei 220 °C 30 Minuten backen.

ca. 205 kcal/860 kJ
pro Portion

# *Überbackener Fenchel mit Frischkäse-Sauce*

(für 4 Portionen)

• Eiweißgruppe

*4 Knollen Fenchel (800 g)*
*Meersalz*
*300 g Frischkäse mit französischen Kräutern (60 % F.i.Tr.)*
*schwarzer Pfeffer*
*⅛ l Gemüsebrühe (Instant)*
*2 EL Wermut, trocken*
*30 g gehobelte Mandeln*

Den Fenchel putzen, waschen, längs halbieren, in kochendem Salzwasser 5 Minuten blanchieren, herausnehmen, abkühlen lassen. Die einzelnen Lagen der Fenchelknolle auseinanderziehen, mit 200 g Frischkäse bestreichen und mit der Schnittfläche nach unten in eine flache, feuerfeste Form setzen. Den restlichen Frischkäse mit der Gemüsebrühe und dem Wermut verrühren, mit Pfeffer abschmecken und auf dem Fenchel verteilen. Zum Schluß die Mandeln darüber streuen. Den Fenchel im vorgeheizten Backofen, untere Schiene, bei 180 °C etwa 30 Minuten überbacken.

ca. 375 kcal/1570 kJ
pro Portion

# *Hacksteaks mit Frischkäse*

▷

• Eiweißgruppe

*300 g Rinderhack*
*Meersalz, weißer Pfeffer*
*½ TL Paprika, edelsüß*
*75 g Frischkäse mit französischen Kräutern (60 % F.i.Tr.)*
*2 dünne Scheiben durchwachsener Speck (60 g)*
*1 Schalotte (10 g)*
*15 g Margarine*
*3 Tomaten*
*Basilikumblätter*

Hackfleisch, Salz, Pfeffer, Paprika und 40 g Frischkäse verkneten. Speckscheiben längs teilen. 4 kleine Hacksteaks formen, den Rand mit dem Speck umwickeln und feststecken. Feingewürfelte Schalotte in Margarine andünsten. Hacksteaks von jeder Seite ca. 6 Minuten darin braten. Zum Schluß restlichen Frischkäse auf die Hacksteaks geben und so lange braten, bis der Frischkäse leicht zerläuft. Hacksteaks mit dem Bratfond und den Schalotten anrichten. Tomatenachtel dazu setzen, mit Basilikumblättern garnieren.

ca. 340 kcal/1420 kJ
pro Portion

# *Vollwertpfanne mit pochierten Eiern*

• Eiweißgruppe

*1 Putenschnitzel (200 g)*
*1 Zwiebel*
*je 1 kleine rote und grüne Paprikaschote*
*1 Möhre*
*1 kleiner Zucchino*
*2 Tomaten*
*1 EL Margarine*
*1 TL Kräuter der Provence*
*Meersalz, weißer Pfeffer*
*50 g Blumenkohlröschen*
*⅛ l Gemüsebrühe (Instant)*

***Für die Eier:***
*4 Eier*
*½ l Wasser*
*Saft von einer Zitrone*
*je ¼ Bund Schnittlauch und Petersilie*

Putenschnitzel in Streifen schneiden. Zwiebel schälen, würfeln. Gemüse waschen, putzen. Paprikaschoten in Streifen, Möhren in Scheiben, Zucchini in Würfel schneiden. Tomaten überbrühen, häuten und in Stücke schneiden. Margarine in einer Pfanne erhitzen. Das Putenfleisch darin anbraten. Mit Salz, Pfeffer und Kräutern der Provence würzen. Zwiebel-, Paprika-, Möhren-, Zucchini- und Blumenkohlstücke dazugeben und mit der Brühe auffüllen. Zugedeckt 10 Minuten dünsten. Die Tomatenstücke unterheben und noch 5 Minuten mitschmoren. Die Eier mit einer Kelle in kochendes, mit Zitonensaft gemischtes Wasser geben und darin stocken lassen. Das Gemüse anrichten und die pochierten Eier darauf setzen. Mit Kräutern garnieren.

ca. 425 kcal/1780 kJ
pro Portion

# Pikantes Eiergulasch

▷

- Eiweißgruppe

*1 Knoblauchzehe*
*1 Zwiebel (50 g)*
*1 kleine Aubergine (250 g)*
*Meersalz*
*1 Möhre (100 g)*
*1 grüne Paprikaschote (150 g)*
*1 kleiner Zucchino (150 g)*
*150 g Tomaten*
*2 EL Olivenöl*
*weißer Pfeffer*
*1 TL Paprika, edelsüß*
*je ½ TL frische Majoran- und Thymianblättchen*
*¼ l Gemüsebrühe (Instant)*
*3 Eier*
*3 EL tiefgefrorener Schnittlauch*
*½ Becher saure Sahne*

Die Knoblauchzehe und Zwiebel fein hacken. Gemüse abbrausen. Aubergine in Scheiben schneiden; mit Salz bestreut 10 Minuten ziehen lassen. Möhre in Streifen, Paprikaschote und Zucchino in Würfel schneiden. Tomaten überbrühen, häuten, vierteln, die Stengelansätze entfernen und die Tomatenviertel würfeln. Auberginenscheiben trockentupfen. Das Olivenöl in einem Topf erhitzen, die Knoblauch- und Zwiebelwürfel darin glasig braten. Das Gemüse nacheinander hineingeben, mit Salz, Pfeffer und Paprika würzen, Kräuter zufügen. Mit Brühe auffüllen. Zugedeckt 10 bis 12 Minuten garen. Inzwischen die Eier hartkochen, abschrecken, pellen und achteln. Vorsichtig unter das Gemüse geben. Abschmecken und mit Schnittlauch bestreuen. Zum Anrichten saure Sahne darübergeben.

ca. 390 kcal/1630 kJ
pro Portion

# Zucchini-Kräuter-Omelette mit Schinken

- Eiweißgruppe

*4 Eier*
*⅛ l Sahne*
*1 Päckchen tiefgefrorene italienische Kräuter*
*Meersalz*
*weißer Pfeffer*
*1 kleiner Zucchino (150 g)*
*1 Knoblauchzehe*
*75 g gekochter Schinken*
*2 EL Öl*

Eier und Sahne verrühren, Kräuter zufügen. Mit Salz und Pfeffer würzen. Zucchino abspülen und in Scheiben schneiden. Knoblauchzehe schälen und fein hacken. Gekochten Schinken würfeln und in etwas Öl in einer Pfanne dünsten. Warm stellen. Restliches Öl in einer Pfanne erhitzen; die Knoblauchzehe darin glasig werden lassen. Zucchinischeiben zufügen und unter Wenden braten. Die Eier zugießen. Zugedeckt bei geringer Hitze stocken lassen. Omelette auf einen Teller gleiten lassen. Schinken auf der Hälfte der Omelette verteilen, die andere Hälfte darüberklappen. Sofort servieren.

ca. 560 kcal/2345 kJ
pro Portion

# Eier mit Zuckerschoten und Paprika

▷

• Eiweißgruppe

*je 1 grüne und rote Paprikaschote (300 g)*
*1 kleine Stange Lauch (200 g)*
*200 g Zuckerschoten*
*3 EL Sonnenblumenöl*
*4 Eier*
*Meersalz, weißer Pfeffer*
*1 EL Sojasauce*
*je 2 EL gerösteter Sesam und gehackte Petersilie*

Gemüse abbrausen. Paprikaschoten vierteln, weiße Kerne und Trennwände entfernen, die Viertel in Streifen, den Lauch in Ringe schneiden. Große Zuckerschoten eventuell halbieren. Sonnenblumenöl in einer Pfanne erhitzen; Paprika und Lauch portionsweise darin ca. 10 Minuten andünsten. Eier, Salz, Pfeffer und Sojasauce verrühren, mit den Zuckerschoten unter das Gemüse heben und unter ständigem Wenden stocken lassen. Sesam in einer Pfanne ohne Fett goldgelb rösten. Mit der Petersilie über das Eier-Gemüse geben.

ca. 525 kcal/2195 kJ
pro Portion

# Gemüsetörtchen

(für 4 Personen)

• Eiweißgruppe

***Für die Törtchen:***
*je 100 g Brokkoli und Möhren*
*200 g Lauch*
*Meersalz, weißer Pfeffer*
*3 Eiweiß, 1 Ei*
*4 EL Sahne*
*geriebene Muskatnuß*
*etwas Butter zum Einfetten*

***Für die Sauce:***
*50 ml vegetarische Brühe (Instant)*
*50 ml Milch (3,5 % Fett)*
*10 g Butter, 2 EL Sahne*
*1 TL Agar Agar*
*2 Eigelb*
*Meersalz, weißer Pfeffer*

Brokkoli, Möhren und Lauch waschen, putzen und klein schneiden. In kochendem Salzwasser ca. 2 Minuten blanchieren. Eiweiß, Ei und Sahne verquirlen und mit Pfeffer, Salz und Muskat abschmecken. 4 kleine feuerfeste Förmchen einfetten, mit Gemüse füllen, die Flüssigkeit darübergeben. Mit Alufolie verschließen. Im vorgeheizten Backofen im Wasserbad, untere Schiene, bei 180 °C 35 Minuten stocken lassen. Für die Sauce inzwischen die Brühe, Milch und Butter in einem Topf erhitzen. Mit Sahne verrühren und mit Agar Agar binden. Vom Herd nehmen, Eigelb verrühren und unterschlagen. Mit Salz und Pfeffer würzen. Die gestürzten Gemüsetörtchen mit der Sauce anrichten.

ca. 190 kcal/795 kJ
pro Portion

# Garnelen mit Ingwer und Koriander

▷

• Eiweißgruppe

*8 Riesengarnelen (600 g)*
*Meersalz*
*5 Zuckerschoten*
*2 EL Sonnenblumenöl*
*10 g Butter*
*40 g Sojabohnensprossen*
*2 TL Ingwer, feingehackt*
*2 EL Korianderkraut, gehackt*
*3 EL Weißwein*
*Saft einer Zitrone*

***Für die Sauce:***
*150 g saure Sahne*
*1 Eigelb*
*1 TL gehackte Petersilie*

Die Riesengarnelen schälen, den Darm entfernen, die Garnelen salzen. Die Zuckerschoten längs in Streifen schneiden. Das Sonnenblumenöl erhitzen, die Garnelen etwa 4 Minuten kräftig darin anbraten. Aus der Pfanne nehmen, beiseite stellen. Butter in das Bratfett geben und die Zuckerschoten und Sojasprossen darin anbraten. Garnelen, Ingwer, 1 EL Koriander und Weißwein hinzufügen und aufkochen. Den Zitronensaft dazugeben und umrühren. Für die Sauce die saure Sahne mit Eigelb verrühren, gehackte Petersilie und restlichen Koriander unterheben. Die Garnelen mit dem Gemüse und der Sauce anrichten.

ca. 570 kcal/2385 kJ
pro Portion

# Kabeljau auf gedünsteter Gurke

• Eiweißgruppe

*1 Packung tiefgefrorene*
*Kabeljaufilets (300 g)*
*Saft einer halben Zitrone*
*Meersalz*
*weißer Pfeffer*
*1 Salatgurke (500 g)*
*2 EL Pflanzenöl (20 g)*
*1 Zwiebel, gehackt (50 g)*
*1 Msp. Gemüsebrühe (Instant)*
*75 ml Sahne*
*150 g Magerquark*
*1 TL geriebener Meerrettich*
*(aus dem Reformhaus)*
*Dill*

Den aufgetauten Fisch mit dem Zitronensaft beträufeln. Würzen. Die Salatgurke in ½ cm breite Scheiben schneiden. Das Öl in einer beschichteten Pfanne erhitzen; Zwiebelwürfel glasig braten. Die Gurkenscheiben dazugeben und bei mittlerer Hitze weitere 5 Minuten dünsten; mit der Brühe würzen. Die Fischfilets auf das Gemüse setzen, zugedeckt 20 Minuten garziehen lassen. In der Zwischenzeit die Sahne steif schlagen, mit dem Quark verrühren und mit Meerrettich, Salz, Pfeffer und Dillspitzen abschmecken. Den Fisch mit dem Gemüse anrichten und mit etwas Kräuterquark garnieren. Restlichen Quark dazu reichen.

ca. 445 kcal/1860 kJ
pro Portion

# *Kabeljau mit Tofu-Kräuter-Füllung*

▷

- Eiweißgruppe

*125 g Tofu*
*3 Stiele glatte Petersilie*
*½ Bund Basilikum*
*15 g Pinienkerne*
*Schale und Saft einer unbehandelten Zitrone*
*1 TL Sojasauce*
*schwarzer Pfeffer*
*½ TL gemahlener Koriander*
*1½ EL Butterschmalz*
*2 Kabeljaufilets (je 200 g)*

Den Tofu abgetropft 5 Minuten in kaltes Wasser legen. Die Kräuter fein hacken (einige beiseite legen). Die Pinienkerne in einer beschichteten Pfanne goldbraun rösten. Anschließend fein hacken. Den Tofu abgetropft in einer Schüssel zerdrücken, mit den gehackten Kräutern, Pinienkernen, Zitronenschale, etwas Sojasauce, Pfeffer und Koriander pikant abschmecken. Die Kabeljaufilets trockentupfen, mit Zitronensaft, Sojasauce und Pfeffer würzen. Etwas Tofu-Creme auf die Mitte jedes Filets geben. Die Filets zusammenklappen und mit Küchengarn locker zusammenbinden. Filets und übrige Creme kalt stellen. Inzwischen Butterschmalz in einer beschichteten Pfanne erhitzen. Die Fischfilets darin 15 Minuten bei milder Hitze goldbraun braten. Vorsichtig wenden. Die übrige Tofu-Creme im Mixbecher pürieren, wieder aufkochen und die Sauce pikant abschmecken. Garn von den Kabeljaufilets entfernen, die Filets mit der Sauce anrichten und mit Kräuterblättchen garnieren.

ca. 365 kcal/1530 kJ
pro Portion

# *Fischauflauf*

- Eiweißgruppe

*2 Stangen Lauch (200 g)*
*2 Fleischtomaten (200 g)*
*Meersalz, weißer Pfeffer*
*400 g Rotbarschfilet*
*200 g Feta im Stück*
*1 EL Sonnenblumenöl*
*125 g Crème fraîche*
*geriebene Muskatnuß*

Gemüse abspülen. Lauch in Ringe, Tomaten in Scheiben schneiden. Mit Salz und Pfeffer würzen. Rotbarschfilet trockentupfen. Feta in dünne Scheiben schneiden. Das Öl in einer großen Pfanne erhitzen, die Lauchringe darin andünsten. Mit Salz und Pfeffer würzen. Dann in eine gefettete Auflaufform geben; die Hälfte des Feta darüber verteilen. Rotbarschfilet darüber legen, ebenfalls salzen und pfeffern. Zum Schluß die Tomaten darauf verteilen. Crème fraîche glattrühren, mit Muskatnuß würzen und über den Auflauf gießen. Mit den restlichen Fetascheiben abdecken. Im vorgeheizten Backofen, untere Schiene, bei 200 °C etwa 30 Minuten garen.

ca. 775 kcal/3240 kJ
pro Portion

# Rotbarschfilet mit Gurken und Dill

▷

• Eiweißgruppe

*1 Packung tiefgefrorenes Rotbarschfilet (300 g)*
*Meersalz*
*Saft einer halben Zirone*
*1 kleine Salatgurke (200 g)*
*¼ l Sahne oder Crème fraîche*
*weißer Pfeffer*
*1 Päckchen tiefgefrorener Dill (25 g)*

Rotbarschfilet auftauen, mit Salz und Zitronensaft würzen. Gurke schälen, längs halbieren, mit einem Teelöffel die Kerne entfernen; die Gurkenhälften in Stücke schneiden. In einem flachen Topf Sahne oder Crème fraîche aufkochen, mit Salz und Pfeffer würzen. Den Fisch hineingeben, bei geringer Hitze ca. 4 Minuten garziehen lassen. Auf eine vorgewärmte Platte setzen. Sauce nochmals aufkochen, Dill (etwas beiseite legen) und Gurkenscheiben hineingeben. Eine Minute darin ziehen lassen. Mit Salz und Pfeffer abschmecken. Die Sauce über den Fisch geben. Mit Dill garnieren.

ca. 570 kcal/2385 kJ
pro Portion

# Rotbarsch mit Senf-Sahne-Sauce

• Eiweißgruppe

*400 g Rotbarschfilet*
*Saft einer halben Zitrone*
*250 g Steckrüben*
*150 g Möhren*
*1 kleine Stange Lauch (100 g)*
*1 Stengel Staudensellerie (50 g)*
*10 g Butter*
*weißer Pfeffer, Meersalz*
*je ⅛ l Gemüsebrühe (Instant) und Weißwein, trocken*

***Für die Sauce:***
*15 g Butter*
*je ⅛ kalte Milch und Gemüsebrühe*
*2 El Sahne*
*weißer Pfeffer*
*geriebene Muskatnuß*
*Meersalz*
*1 El mittelscharfer Senf*
*1 TL Agar Agar*

Fischfilet kurz abspülen, trockentupfen und mit Zitronensaft beträufeln. Das Gemüse waschen und putzen; die Steckrüben und Möhren in feine Stifte, den Lauch in dünne Ringe, den Staudensellerie in feine Scheiben schneiden. Die Butter in einem Topf erhitzen, das Gemüse darin andünsten. Die Fischfilets trockentupfen und auf das Gemüse geben. Mit Gemüsebrühe und Wein begießen und das Ganze zugedeckt bei mittlerer Hitze 15 Minuten garen. Für die Sauce Butter, Milch, Gemüsebrühe und Sahne aufkochen, würzen und Senf einrühren. Mit in wenig Wasser verrührtem Agar Agar binden. Eventuell mit Senf abschmecken. Die Fischfilets auf dem Gemüse anrichten, Sauce darübergeben.

ca. 550 kcal/2300 kJ
pro Portion

# *Heilbuttfilet mit gemischtem Gemüse*

▷

• Eiweißgruppe

*250 g Heilbuttfilet*
*2 TL Zitronensaft*
*weißer Pfeffer, Meersalz*
*je 100 g Möhren, Knollensellerie, Frühlingszwiebeln (oder Lauch)*
*½ TL Gemüsebrühe (Instant)*
*4 EL (100 g) Sahne-Dickmilch (10 % Fett)*
*2 TL Zitronensaft*
*2 TL Senf, mittelscharf*
*4 EL Dill, gehackt*

Fischfilet kalt abspülen, trockentupfen und mit Zitronensaft beträufeln. Dann mit Pfeffer und Salz rundherum würzen. Gemüse waschen, putzen und sehr fein schneiden. In wenig Wasser mit der Brühe andünsten. Fischfilet darauf setzen und zugedeckt 10 Minuten garen. Sahne-Dickmilch mit Zitronensaft, Senf und Dill verrühren, mit Pfeffer und Salz abschmecken, mit dem Fischfilet und dem Gemüse anrichten.

ca. 260 kcal/1090 kJ
pro Portion

# *Schellfischfilets in Sahne überbacken*

• Eiweißgruppe

***Für den Sud:***
*⅜ l Weißwein*
*Meersalz*
*1 kleine Zwiebel (50 g)*
*2 Stiele Dill*
*1 Möhre (50 g)*
*1 Lorbeerblatt*
*2 Wacholderbeeren*

***Für den Fisch:***
*2 Schellfischfilets (je 200 g)*
*etwas Butter für die Form*
*⅛ l Sahne*
*je 50 g Staudensellerie, Möhren, Lauch*
*½ TL grüner Pfeffer*
*1 EL frische Dillspitzen*

Für den Sud den Wein mit Salz, der geschälten, halbierten Zwiebel, Dill, der geschälten Möhre, Lorbeerblatt und Wacholderbeeren 3 Minuten kochen lassen. Die gesäuberten Fischfilets darin ca. 6 Minuten ziehen lassen. Herausnehmen und abgetropft in eine ausgefettete feuerfeste Form legen. Die Sahne in einem kleinen Topf 5 Minuten einkochen lassen. Das Gemüse waschen, putzen, in feine Streifen schneiden. 1-2 Minuten in Salzwasser blanchieren. Sofort herausnehmen, abtropfen lassen. Die Gemüsestreifen auf dem Fischfilet verteilen, die reduzierte Sahne kräftig abschmecken, Dillspitzen unterrühren und auf das Gemüse geben. Die Form im vorgeheizten Backofen, mittlere Schiene, bei 220 °C ca. 8-10 Minuten backen.

ca. 385 kcal/1610 kJ
pro Portion

# Schellfisch mit Pilzfarce

▷

(für 4 Portionen)

• Eiweißgruppe

***Für die Farce:***
*250 g frische Pilze (Champignons, Pfifferlinge)*
*1 Schalotte (10 g)*
*je 1 Bund Schnittlauch und Petersilie*
*2 Eier*
*Meersalz, weißer Pfeffer*

***Für den Fisch:***
*4 Schellfischkoteletts (je 150 g)*
*1/8 l Weißwein, trocken*
*50 g Butter*
*Meersalz*
*1 EL Zitronensaft*

***Für die Sauce:***
*400 g Tomaten*
*1 Knoblauchzehe*
*2 EL Öl*
*1/8 l Gemüsebrühe (Instant)*
*8-10 frische Oregano- und Basilikumblätter, gehackt*

Pilze, Schalotte und die Kräuter fein hacken; mit den Eiern mischen. Salzen und pfeffern. Den Wein erwärmen. Eine feuerfeste Form mit der Hälfte der Butter ausstreichen. Die Koteletts hineinlegen, mit etwas Salz bestreuen, mit Zitronensaft beträufeln, Wein angießen. Die Pilzfarce auf die Fischkoteletts streichen. Mit restlicher Butter belegen. Die Form im vorgeheizten Backofen, mittlere Schiene, bei 200 °C 20 Minuten garen. Für die Sauce die Tomaten überbrühen, häuten, vierteln, entkernen, fein würfeln. Die Knoblauchzehe schälen, fein hacken; im heißen Öl andünsten. Die Tomatenwürfel dazugeben, Brühe zugießen. 5 Minuten kochen lassen, mit Kräutern abschmecken.

ca. 365 kcal/1530 kJ
pro Portion

# Makrele gedünstet

• Eiweißgruppe

*2 kleine Makrelen (je etwa 300 g)*
*2 EL Zitronensaft*
*Meersalz, weißer Pfeffer*
*1 Zwiebel (50 g)*
*100 g Knollensellerie*
*1 Stange Lauch (150 g)*
*1 Tomate (80 g)*
*1 Knoblauchzehe*
*3 EL Öl*
*Currypulver*
*1/4 l Gemüsebrühe (Instant)*
*1 Bund Petersilie*

Makrelen putzen, in 5-6 cm lange Stücke teilen, mit Zitronensaft beträufeln und salzen. Geschälte Zwiebeln in Ringe schneiden. Sellerie und Lauch in grobe Stücke schneiden, Tomaten achteln. Knoblauchzehe zerdrücken. Öl in einem Topf erhitzen, Gemüse und Knoblauch darin anbraten, mit Salz, Pfeffer und Curry würzen. Mit der Brühe aufgießen. 8 Minuten dünsten. Makrelen zufügen. Zugedeckt 10-15 Minuten garen. Mit gehackter Petersilie bestreuen.

ca. 720 kcal/3010 kJ
pro Portion

# Gefüllte Schollen

▷

• Eiweißgruppe

*2 küchenfertige Schollen (je 350 g)*
*1 EL Zitronensaft*
*50 g Champignons*
*1 Tomate (80 g)*
*1 Ei*
*50 g magerer gekochter Schinken*
*1 EL gehackte Petersilie*
*Meersalz, weißer Pfeffer*
*10 g Butter*

Mit einem scharfen Messer auf der weißen Seite eine Tasche in die Fische schneiden. Das Fischfleisch dabei von der Gräte lösen. Mit Zitronensaft beträufeln. Pilze putzen, hacken, Tomate überbrühen, häuten, würfeln. Pilz- und Tomatenwürfel, Ei, gewürfelten Schinken und Petersilie mischen; mit Salz und Pfeffer würzen. In die Taschen füllen. Erwärmte Butter darüberträufeln. Auf ein mit Alufolie belegtes Blech setzen. Im vorgeheizten Backofen, mittlere Schiene, bei 200 °C etwa 15 Minuten garen.

ca. 565 kcal/2365 kJ pro Portion

# Schollen-Rouladen

• Eiweißgruppe

*2 große Schollenfilets (je 150-180 g)*
*Saft einer halben Zitrone*
*Meersalz*
*75 g gekochter Schinken, gewürfelt*
*1 Zwiebel (50 g), gewürfelt*
*1 EL Sojasauce*
*je ½ Bund Dill, Schnittlauch und Petersilie*
*1 Ei*
*25 g Butter*
*⅛ l Sahne*
*2 EL Senf, scharf*

Die Schollenfilets säubern, mit Zitronensaft beträufeln und salzen. Schinken- und Zwiebelwürfel in Sojasauce dünsten. Kräuter fein hacken. Schinken- und Zwiebelwürfel und Kräuter mit dem verrührten Ei mischen. Schollenfilets mit der Hautseite nach oben auf ein Brett legen und mit der Farce bestreichen. Dann zu Rouladen aufrollen und zusammenbinden. In Butter ringsherum anbraten, dann bei geringer Hitze zugedeckt 15 Minuten schmoren. Herausnehmen. Den Bratfond mit Sahne aufgießen, etwas einkochen lassen, mit Senf würzen. Zu den Schollenrouladen anrichten.

ca. 630 kcal/2635 kJ pro Portion

# *Seezungenfilets mit Pink Grapefruit* ▷

• Eiweißgruppe

*1 Pink Grapefruit (250 g)*
*1 kleiner Zucchino (150 g)*
*2 EL Olivenöl*
*2 Seezungenfilets (je 150 g)*
*Meersalz, weißer Pfeffer*
*1 EL Butter*

***Für die Mayonnaise:***
*1 Eigelb*
*1 EL Grapefruitsaft*
*1 TL Grapefruitschale*
*Meersalz, weißer Pfeffer*
*½ TL Dijon-Senf*
*100 ml Öl*
*½ Becher Sahnejoghurt (75 g)*
*1 Bund Dill*

Grapefruit unter warmem Wasser abbürsten und trockenreiben. Mit einer Zitrusreibe die Schale einer viertel Frucht abreiben. Eine Fruchthälfte auspressen, die zweite schälen und filetieren. Den Zucchino waschen, quer in dünne Scheiben schneiden. In Öl beidseitig braten, pfeffern. Die Seezungenfilets mit 4 EL Grapefruitsaft beträufeln, salzen und pfeffern. Die Butter in einer beschichteten Pfanne zergehen lassen, die Filets darin 6 Minuten bei schwacher Hitze beidseitig braten, warm stellen. Für die Mayonnaise Eigelb mit dem Grapefruitsaft, der Grapefruitschale, Salz, Pfeffer und Senf verrühren. Das Öl zuerst tropfenweise, dann in feinem Strahl unter ständigem Rühren dazugießen, bis eine feste Mayonnaise entsteht. Joghurt unterrühren. Die Grapefruitfilets sternförmig um den inneren Tellerrand legen. In den Fruchtring die Zucchinischeiben, darauf die Seezungenfilets legen. Die Mayonnaise über die Filets ziehen. Mit dem Dill garnieren.

ca. 890 kcal/3725 kJ
pro Portion

# *Seezungenfilets in Orangensauce*

• Eiweißgruppe

*3 Orangen*
*3 Schalotten (50 g)*
*20 g Butter*
*⅛ l Sahne*
*60 ml Weißwein, trocken*
*Meersalz*
*weißer Pfeffer*
*4 Seezungenfilets (je 150 g)*
*3 Stengel Dill*

Zwei der Orangen auspressen, eine Orange schälen; die Segmente herausschneiden. Die geschälten Schalotten fein würfeln und in der Butter glasig dünsten. Mit Orangensaft, Sahne und Wein ablöschen und auf ca. ⅛ l cremig einkochen. Mit Salz und Pfeffer abschmecken. Dann die Seezungenfilets abspülen, trokkentupfen und in der heißen, nicht mehr kochenden Sauce von jeder Seite 2-3 Minuten pochieren. Zum Schluß die Orangenscheiben in die Sauce geben und kurz miterhitzen. Seezungenfilets mit den Orangenscheiben anrichten, die Sauce dazugießen, mit Dill garnieren.

ca. 650 kcal/2720 kJ
pro Portion

FLORIDA

# Norwegischer Lachs auf Sauerkraut ▷

- Eiweißgruppe

*750 g Sauerkraut*
*1 Zwiebel (50 g)*
*3 Wacholderbeeren*
*2 EL Weißwein*
*2 Scheiben norwegischer Lachs (je 150 g) mit Haut*

***Für die Sauce:***
*60 g Butter*
*75 g saure Sahne*
*1 kleines Stück frischer Ingwer, gerieben*

Das Sauerkraut mit der gepellten, halbierten Zwiebel, den Wacholderbeeren, 4 EL Wasser und dem Weißwein zugedeckt 30 Minuten garen. Den Lachs mit der Hautseite nach oben unter den vorgeheizten Grill setzen und so lange darunter liegen lassen, bis sich die Farbe des Fleisches verändert. Das Sauerkraut umrühren, abschmecken, Zwiebel herausnehmen. Butter und Sahne in einem Topf aufkochen und 5 Minuten einkochen lassen. Mit etwas Salz und dem Ingwer abschmekken und zu dem Lachs servieren.

ca. 655 kcal/2740 kJ
pro Portion

# Lachs in Weinsauce

- Eiweißgruppe

*2 Lachsfilets (je 150 g) in Scheiben*
*Meersalz*
*weißer Pfeffer*

***Für die Weinsauce:***
*50 g Sonnenblumensprossen*
*⅛ l Weißwein*
*⅛ l Fischfond*
*⅛ l Sahne*
*25 g Butter*
*etwas Zitronensaft*

Die Lachsfilets in einem Topf mit Siebeinsatz (oder einer umgedrehten Untertasse) mit etwas Wasser darunter kurz dämpfen und mit Salz und Pfeffer würzen. Sonnenblumensprossen im Mixer zerkleinern (einen Teil der Sprossen ganz zum Garnieren aufbewahren). Weißwein, Fischfond, Sahne und Butter zusammen erhitzen, dann Hitze auf die Hälfte reduzieren. Mit Salz, Pfeffer und Zitronensaft abschmecken. Zum Schluß mit den Sprossen mischen. Die Sauce zum Lachs servieren.

ca. 630 kcal/2635 kJ
pro Portion

# *Heringe in Pergament*

▷

- Eiweißgruppe

*2 grüne Heringe (je 200 g)*
*1 EL Zitronensaft*
*Meersalz*

***Für die Füllung:***
*75 g Zwiebeln*
*je 50 g Fenchel und rote Paprikaschote*
*20 g Butter*
*2 EL gehackte Kräuter (Petersilie, Dill, Fenchelkraut, Schnittlauch)*
*1 Ei*
*weißer Pfeffer*
*geriebene Muskatnuß*

Die Heringe schuppen. Mit einem kurzen, scharfen Messer den Rücken beiderseits des Rückenflossenansatzes der Länge nach tief einschneiden. Zuerst den Schnitt über der Wölbung der Bauchgräten weiterführen bis das ganze Skelett mit Knochen und Rippen freiliegt. Das Rückgrat hinter dem Kopf und vor dem Schwanz abschneiden und herausnehmen. Vorsicht, damit keine Eingeweide verletzt werden. Die jetzt freiliegenden Eingeweide vorsichtig herausnehmen und am Kopf abschneiden. Die kleinen im Filet verbliebenen Gräten mit einer Pinzette herauslösen. Den so vorbereiteten Fisch vorsichtig unter fließendem kalten Wasser waschen und trockentupfen. Die Bauchhöhle mit einigen Tropfen Zitronensaft beträufeln und salzen. Zugedeckt in den Kühlschrank stellen. Für die Füllung die Zwiebel schälen und zusammen mit dem Fenchel fein hacken. Die Paprikaschote waschen und fein würfeln. Zwiebel und Fenchel in heißer Butter anschwitzen. Die Kräuter und das Ei unter das Gemüse rühren. Kräftig mit Salz, Pfeffer und Muskat abschmecken. Diese Farce nun in die vorbereiteten Fische füllen. Zwei Stück Pergamentpapier (40 x 25 cm) leicht mit Fett einpinseln. Die Fische in die Mitte legen und das Papier wie ein Päckchen falten. Im vorgeheizten Backofen, mittlere Schiene, bei 200 °C etwa 15 Minuten garen.

ca. 560 kcal/2345 kJ
pro Portion

# *Heringstopf nach Großmutters Art*

▷

• Eiweißgruppe

*4 Matjesfilets (320 g)*
*1 Zwiebel (50 g)*
*100 g Salatgurke*
*1 säuerlicher Apfel (150 g)*
*½ Becher (etwa 80 g) Sahne-Dickmilch (10 % Fett)*
*1 Eigelb*
*weißer Pfeffer*
*Meersalz*
*1 kleines Stück Lorbeerblatt*
*1 TL grüne Pfefferkörner*

Matjes in mundgerechte Stücke, geschälte Zwiebel in Ringe schneiden. Salatgurken in dünne Scheibchen schneiden und in kochendem Salzwasser 2 Minuten blanchieren, abtropfen lassen und locker mit den weiteren Zutaten mischen. Apfel abspülen, vierteln, Kerngehäuse entfernen, die Viertel mit der Schale reiben. Sahne-Dickmilch und Eigelb glattrühren, salzen, pfeffern und geriebenen Apfel unterheben. Die Sauce unter die Matjesmischung geben. Das Ganze in einen Behälter füllen, mit Lorbeerblatt und Pfefferkörnern belegen und zugedeckt im Kühlschrank durchziehen lassen.

ca. 570 kcal/2385 kJ
pro Portion

# *Matjessalat Helgoland*

• Eiweißgruppe

*125 g Matjesfilets*
*1 säuerlicher Apfel (80 g)*
*1 mittelgroße Zwiebel (50 g)*
*1 Stengel Staudensellerie (60 g)*
*100 g saure Sahne (10 % Fett)*
*Meersalz*
*Saft einer viertel Zitrone*
*½ TL Senf, mittelscharf*
*2 cl Aquavit*
*einige Salatblätter*
*(z. B. Chicorée)*

Die Matjesfilets in mundgerechte Stücke schneiden. Den Apfel abspülen, in Spalten teilen; das Kerngehäuse dabei entfernen. Die geschälte Zwiebel und den Staudensellerie in dünne Scheiben schneiden. Alle Zutaten mischen. Die saure Sahne mit Salz, Zitronensaft, Senf und Aquavit verrühren, die Sauce abschmekken und unter den Matjessalat heben. Durchziehen lassen und auf den Salatblättern anrichten.

ca. 300 kcal/1255 kJ
pro Portion

# Tintenfischringe mit Gemüse

▷

• Eiweißgruppe

*500 g tiefgefrorene Tintenfischringe*
*1 kleine Zwiebel (30 g)*
*2 kleine Knoblauchzehen*
*je 1 kleine rote und grüne Paprikaschote (200 g)*
*2 Tomaten (100 g)*
*1 Scheibe gekochter Schinken (50 g)*
*2 Scheiben gekochte, gepökelte Ochsenzunge (50 g)*
*1 EL Zitronensaft*
*30 g Butterschmalz*
*1 TL Oregano*
*Meersalz, weißer Pfeffer*
*2 EL tiefgefrorener Schnittlauch*

Tintenfischringe auftauen lassen. Zwiebel und Knoblauch schälen und fein würfeln. Das Gemüse waschen und putzen. Paprikaschoten vierteln, Kerne und Trennwände entfernen. Paprikaschotenviertel in Streifen schneiden. Tomaten vierteln, Stengelansätze herausschneiden. Die Tomatenstücke würfeln. Schinken und Zungenscheiben ebenfalls in Streifen schneiden. Tintenfischringe abspülen und gut abtropfen lassen. Mit Zitronensaft beträufeln. Butterschmalz erhitzen; die Zwiebel- und Knoblauchwürfel darin glasig braten. Paprikaschotenstreifen zufügen, 2-3 Minuten mitdünsten. Dann die Schinken- und Ochsenzungenstreifen sowie die Tomatenstücke zufügen. Mit Oregano, Salz und Pfeffer würzen. Zugedeckt warm stellen. Die Tintenfischringe in kochendem Salzwasser etwa eine Minute blanchieren, abgießen und unter das Gemüse mischen. Mit Schnittlauch bestreuen.

ca. 460 kcal/1925 kJ
pro Portion

# Schillerlocken-Pfanne

• Eiweißgruppe

*2 Frühlingszwiebeln (100 g)*
*1 Knoblauchzehe*
*15 g Butter*
*1 Tomate (80 g)*
*2 Schillerlocken (ca. 200 g)*
*2 kleine Eier*
*1 EL Sahne*
*weißer Pfeffer*
*2 EL tiefgefrorene Petersilie*

Die Frühlingszwiebeln waschen, putzen und in feine Ringe schneiden. Knoblauch schälen und sehr fein schneiden. Die Butter erhitzen, Zwiebelringe und Knoblauchwürfel darin weichdünsten. Die Tomate überbrühen, häuten, halbieren, entkernen und würfeln. Die Schillerlocken in Scheiben schneiden und mit den Tomatenwürfeln in die Pfanne geben. Alles 2 Minuten dünsten. Eier, Sahne und Pfeffer verquirlen und über die Zutaten in die Pfanne geben. Im vorgeheizten Backofen, mittlere Schiene, bei 200 °C 10 Minuten stocken lassen. Zum Servieren mit Petersilie bestreuen.

ca. 495 kcal/2070 kJ
pro Portion

# *Hummerkrabben auf Zucchinis*

• Eiweißgruppe

*2 kleine Zucchini (400 g)*

***Für die Marinade:***
*3 EL Zitronensaft*
*6 EL Olivenöl*
*½ TL Salz*
*½ TL Honig*
*2 Msp. Zitronenpfeffer*
*½ TL Senf, mittelscharf*

***Außerdem:***
*50 g Mandeln, grob gehackt*
*6 Hummerkrabben mit Schale (je 80 g)*
*2 EL Schnittlauchröllchen*

Die Zucchini abspülen, in dünne Scheiben schneiden. Aus Zitronensaft, 4 EL Öl, Salz, Pfeffer, Honig und Senf eine Marinade bereiten. Die Zucchini darin ziehen lassen. Die Mandeln in restlichem Öl rösten. Herausnehmen und beiseite stellen. Die Hummerkrabben abspülen, trockentupfen und in dem heißen Öl 4 Minuten unter Wenden braten. Die Zucchinischeiben schuppenartig auf Teller verteilen, die Hummerkrabben darauf anrichten und mit Mandeln und Schnittlauchröllchen bestreuen.

ca. 480 kcal/2010 kJ
pro Portion

*Abb. S. 189*
*„Gefüllte Pfannkuchen mit Nußkrokant"*
*Rezept S. 190*

# Desserts

# *Marinierte Rosa Grapefruit*

▷

(für 4 Portionen)

• Eiweißgruppe

*6 Pink Grapefruits*
*4 EL Sekt, trocken*
*3 Tropfen Vanille-Essenz*
*3 getrocknete, grüne Pfefferkörner*
*1 kleines Stück Zimtstange*
*2 Nelken*
*3 Stiele frische Minze*

Eine Pink Grapefruit unter warmem Wasser abbürsten und mit Küchenpapier abreiben, mit einer Zitrusreibe die Schale einer halben Frucht abreiben und beiseite stellen. Diese Frucht und drei weitere Grapefruits schälen und filetieren. Den Saft auffangen, die Filets beiseite stellen. 2 Grapefruits halbieren und auspressen. Den Saft, den Sekt, die abgeriebene Schale und die Vanille-Essenz verrühren. Die Pfefferkörner zerstoßen, mit der Zimtstange und den Nelken zum Saft geben. Die Grapefruitfilets in die Marinade legen und im Kühlschrank mindestens 12 Stunden ziehen lassen. Auf Tellern anrichten und mit Minzblättchen garnieren.

ca. 160 kcal/670 kJ

**TIP**

Das Dessert kann auch in den Grapefruitschalen serviert werden.

# *Gefüllte Pfannkuchen mit Nußkrokant*

• Kohlenhydratgruppe

***Für die Füllung:***
*100 g Frischkäse (60 % F.i.Tr.)*
*1 TL Honig*
*1 mürber süßer Apfel (125 g)*
*abgeriebene Schale einer viertel unbehandelten Zitrone*
*Mark einer viertel Vanilleschote*

***Für den Pfannkuchenteig:***
*1 Eigelb, ⅛ l süße Sahne*
*2 EL Wasser, 1 Prise Meersalz*
*50 g Weizenvollkornmehl*
*Margarine zum Backen*

***Für den Nußkrokant:***
*100 g Nußkernmischung (Walnüsse, Haselnüsse)*
*3 EL Honig*
*1 EL Wasser*

Für die Füllung Frischkäse und Honig mit dem Handrührgerät aufschlagen. Feingeraspelte Äpfel darunterheben. Mit Zitronenschale und Vanilleschote abschmecken. Kalt stellen. Für den Pfannkuchenteig alle Zutaten zu einem glatten Teig verrühren. Margarine erhitzen, nacheinander 4 dünne Pfannkuchen darin ausbacken und warm stellen. Nüsse in einer Pfanne ohne Fett rösten; Honig und Wasser hinzufügen und aufkochen lassen. Die Pfannkuchen mit zwei Drittel des Nußkrokants und mit der Frischkäsemasse bestreichen, zusammenschlagen, auf einen Teller geben. Die restlichen Nüsse darüber verteilen. Sofort servieren.

ca. 445 kcal/1860 kJ
pro Pfannkuchen

FLORIDA

# Tofu-Orangen-Creme

▷

(für 4 Portionen)

• Eiweißgruppe

*3 unbehandelte Orangen*
*½ Granatapfel*
*4 eingelegte Ingwerpflaumen*
*200 g Tofu*
*1 Prise Koriander, gemahlen*
*⅛ l Sahne*
*Mark einer halben Vanilleschote*

Eine Orange abspülen, trokkentupfen und die Schale abreiben. Zugedeckt beiseite stellen. Die Frucht auspressen. Die zweite Orange schälen und filetieren, die Filets würfeln. Den Granatapfel halbieren, die Kerne herauslösen und beiseite stellen. Die Ingwerpflaumen ebenfalls würfeln. Den Tofu abtropfen lassen, mit Haushaltspapier abtupfen und mit einer Gabel zerdrücken. In den Mixer geben und bei auf Stufe 1 cremig schlagen. Dabei nach und nach Orangensaft zugießen.

Die Creme mit Orangen- und Ingwerstückchen und dem Koriander mischen, zugedeckt 2-3 Stunden kühl stellen. Die süße Sahne steif schlagen, dabei das Vanillemark zugeben. Zum Schluß die dritte Orangenschale hinzufügen. Die restliche Orange schälen und filetieren. Die Creme auf Tellern verteilen, mit Orangenfilets, Granatapfelkernen und Sahnetupfen garnieren.

ca. 200 kcal/835 kJ
pro Portion

# Rosinen-Honigquark-Omelette

• Kohlenhydratgruppe

***Für die Omelette:***
*2 EL Sahne*
*2 Eigelb*
*1 EL Mineralwasser*
*1 Prise Salz*

***Für den Quark:***
*200 g Magerquark*
*50 g Rosinen, ungeschwefelt*
*2 TL Honig*

***Außerdem:***
*2 EL Pflanzenöl zum Braten*

Sahne, Eigelb, Mineralwasser und Salz verrühren. Quark mit Rosinen und Honig mischen. Öl in einer beschichteten Pfanne erhitzen, die Hälfte der Eimasse hineingeben, stocken lassen, auf einen Teller gleiten lassen, etwas Füllung auf die Hälfte der Omelette geben, die andere Hälfte darüberklappen. Die zweite Omelette ebenso zubereiten.

ca. 355 kcal/1485 kJ
pro Portion

# *Apfelbeignets*

▷

• Kohlenhydratgruppe

*65 g Weizenvollkornmehl*
*60 ml helles Bier*
*1 kleines Eigelb*
*2 EL Honig*
*1 Prise Salz*
*1 TL Öl*
*1 Prise geriebene Muskatnuß*
*2 mittelgroße mürbe Äpfel*
*Butterschmalz zum Ausbacken*
*Zimt zum Bestreuen*

Aus Mehl, Bier, Eigelb, 1 EL Honig, Salz, Öl und Muskatnuß einen Teig bereiten; 15 Minuten ruhen lassen. Das Butterschmalz in einer Friteuse oder einem Topf auf 180 °C erhitzen. Die Äpfel schälen, das Kerngehäuse ausstechen und die Äpfel in dicke Scheiben schneiden. Die Apfelscheiben in dem Teig wenden, in heißem Butterschmalz ausbacken. Mit Honig beträufeln und mit Zimt bestäuben.

ca. 320 kcal/1340 kJ
pro Portion

# *Heißes Apfelkompott mit Kefir-Quark-Creme*

• Kohlenhydratgruppe

*1 mürber Apfel (150 g)*
*2 TL Honig (20 g)*
*40 g Magerquark*
*40 g Kefir (1,5 % Fett)*
*Mark einer viertel Vanilleschote*
*2 EL Sahne*
*etwas Zimt,*
*1 EL Rosinen (10 g)*
*1 Zweig Zitronenmelisse*

Apfel schälen, vierteln, das Kerngehäuse entfernen und die Stücke in Spalten teilen. In wenig Wasser nicht zu weich dünsten. 1 TL Honig unterrühren. Quark und Kefir, restlichen Honig und Vanillemark verrühren. Rosinen untermengen. Sahne steif schlagen, Zimt unterrühren und das Ganze unter die Quarkmasse heben.

Das heiße Kompott auf zwei Glasteller verteilen, die Kefir-Quark-Creme darüberziehen. Mit Zitronenmelisse garnieren.

ca. 160 kcal/670 kJ
pro Portion

# Bratäpfel mit Hagebuttenfüllung

(für 6 Portionen)

• Eiweißgruppe

*6 mittelgroße säuerliche Äpfel (750 g)*
*Saft einer Zitrone*
*100 g Hagebuttenmus*
*3 EL Crème fraîche*
*1 Prise Zimt*

Äpfel abspülen, trockentupfen. Das Kerngehäuse ausstechen. Die Äpfel in eine feuerfeste Form setzen und mit Zitronensaft beträufeln. Jeden Apfel mit 1 EL Hagebuttenmus füllen. Restliches Hagebuttenmus mit Crème fraîche und Zimt verrühren und beiseite stellen. Die Äpfel, mit Zugabe von 3 EL Wasser, in den vorgeheizten Backofen, untere Schiene stellen, und bei 220 °C 30 bis 40 Minuten (je nach Apfelgröße) braten. 10 Minuten vor Ende der Garzeit das Hagebutten-Crème-fraîche-Mus zu den Äpfeln geben. Sofort servieren.

ca. 120 kcal/500 kJ
pro Portion

# Sweetie-Obstsalat

(für 4 Portionen)

• Eiweißgruppe

*2 Sweeties (grüne süße Grapefruit)*
*1 Orange*
*1 Pfirsich*
*125 g Erdbeeren*
*70 g Himbeeren*
*100 ml Sahne*
*Mark einer halben Vanilleschote*
*2 Minzblättchen*

Sweeties halbieren und aushöhlen. Schalen beiseite legen. Das Fruchtfleisch von den Trennwänden befreien. Die Orange schälen, die weiße Haut dabei entfernen. Die Fruchtstücke ebenfalls zwischen den Trennwänden herauschneiden und halbieren. Pfirsich kurz in heißes Wassser tauchen, häuten, halbieren, den Stein entfernen. Die Fruchtstücke würfeln. Alles mit den halbierten Erdbeeren und Himbeeren vorsichtig mischen. In die Schalen-Hälften füllen. Auf Teller setzen. Sahne und Vanillemark cremig schlagen. Zum Obstsalat servieren. Mit Minzblättchen garnieren.

ca. 165 kcal/690 kJ
pro Portion

# Buttermilchsülze mit Sommerfrüchten

(für 4 Personen)

• Eiweißgruppe

*400 g frische Früchte*
*(Pflaumen und Pfirsiche)*
*500 g Buttermilch*
*8 Blatt weiße Gelatine*
*½ Becher (100 g) Sahne*
*etwas Zitonenmelisse*

Die Früchte abbrausen, halbieren, Kerne entfernen, das Fruchtfleisch in Spalten schneiden. Etwa die Hälfte pürieren; mit Buttermilch verrühren. In kaltem Wasser eingeweichte und ausgedrückte Gelatine in ein kleines Töpfchen geben und darin erhitzen und in die Buttermilch-Masse rühren. Im Kühlschrank vorkühlen, nicht erstarren lassen. Die Sahne steif schlagen und mit den restlichen Früchten (einige für die Garnitur zurückbehalten) unter die Buttermilch-Masse ziehen. In eine kalt ausgespülte Form füllen. Im Kühlschrank erkalten lassen. Zum Servieren stürzen, mit Zitronenmelisseblättchen und Fruchtspalten garnieren.

ca. 190 kcal/795 kJ
pro Portion

**TIP**

Für alle Gelatinerezepte kann sowohl Blatt- als auch Pulvergelatine verwendet werden. Blattgelatine läßt sich einfacher dosieren, Pulvergelatine leichter verarbeiten. Eine Packung Pulvergelatine (9-10 g) entspricht 6 Blatt Gelatine.

# Nußkreation mit Honig

(für 4 Portionen)

• Kohlenhydratgruppe

*⅛ l Sahne*
*2 EL Honig*
*je 1 TL Haselnuß-,*
*Walnuß- und*
*Pinienkerne, gehackt*
*2 Bananen*
*30 g Butter*

Sahne in einer Schüssel so lange schlagen, bis sie dickflüssig ist. Honig und Nüsse hinzufügen und unterrühren. Banane schälen, Butter in einer beschichteten Pfanne erhitzen. Die Bananen schräg in Scheiben schneiden, in die Pfanne geben und etwa 2 Minuten unter Wenden leicht anbraten. Auf Teller verteilen; die Sahne-Honigmasse dazu anrichten.

ca. 265 kcal/1110 kJ
pro Portion

# *Schlemmercreme mit Kirschen*

▷

• Eiweißgruppe

*125 g Süßkirschen*
*1½ EL Orangensaft*
*1 EL Wasser*
*½ Blatt rote Gelatine*
*Mark einer Vanilleschote*
*300 g Dickmilch (3,5 % Fett)*
*1 Becher (100 ml) Sahne*

Kirschen abbrausen und entsteinen. Kirschen mit Orangensaft und Wasser in einen Topf geben und bei schwacher Hitze etwa 3 Minuten köcheln lassen. Gelatine in wenig kaltem Wasser einweichen. Den Topf von der Kochstelle nehmen und wieder leicht abkühlen lassen. Gelatine ausdrücken, in der Kirschenflüssigkeit auflösen und abkühlen lassen. Dickmilch glattrühren und Vanillemark hinzufügen. Sahne steif schlagen und unter die Dickmilch heben. Kirschen in zwei Dessertschalen geben. Die Dickmilch-Creme darüber verteilen.

ca. 300 kcal/1255 kJ
pro Portion

# *Himbeertraum*

• Eiweißgruppe

*125 g tiefgefrorene Himbeeren*
*Saft einer halben Zitrone*
*2½ Blatt weiße Gelatine*
*1 Eigelb*
*1 EL heißes Wasser*
*150 ml Kaffeesahne*
*1 Eiweiß*
*1 EL Pistazien, fein gehackt*
*1 Zweig Zitronenmelisse*

Himbeeren auftauen lassen. Vier besonders schöne Früchte beiseite legen. Die anderen durch ein Sieb streichen. Zitronensaft zufügen. Gelatine in kaltem Wasser einweichen. Eigelb und heißes Wasser in ein hohes Gefäß geben, mit dem Handrührgerät (Schneebesen) rühren, bis eine schaumige Masse entstanden ist. Zunächst das Himbeerpüree, dann Kaffeesahne unterrühren. Gelatine ausdrücken, bei milder Hitze auflösen, die Gelatine in das Himbeerpüree einrühren und die Masse erkalten lassen. Wenn die Creme beginnt fest zu werden, Eiweiß steif schlagen und unterziehen. Die Himbeercreme in eine Schüssel füllen und erstarren lassen. Zum Servieren mit Pistazien bestreuen und mit den Himbeeren und der Zitronenmelisse garnieren.

ca. 240 kcal/1005 kJ
pro Portion

**TIP**

Himbeeren haben ein liebliches Aroma; sie vereinen in sich jene Mineralien – viel Kalium, Eisen, auch viel Magnesium und Phosphor – die den Stoffwechsel anfeuern, die Knochenbildung unterstützen und sehr wichtig sind für reibungslose Muskel-, Nerven- und Gehirnfunktionen.

# Sommerfrüchte mit Vanillejoghurt

▷

• Eiweißgruppe

*300 g verschiedene Früchte (Kiwi, Karambole, Erdbeeren, Weintrauben, frische Ananas, Papaya)*
*1 Honigmelone*
*250 g Joghurt (3,5 % Fett)*
*2 Tropfen Vanille-Essenz*

Die Früchte abbrausen, putzen, schälen, kleinschneiden und mischen. Eine Honigmelone halbieren, das Fruchtfleisch mit einem Kugelausstecher herauslösen und unter die anderen Früchte mischen. Den Fruchtsalat nach Belieben in die Fruchthalbschalen oder in zwei Schüsseln geben. Joghurt und Vanille-Essenz verrühren und über die Früchte geben oder separat dazu servieren.

ca. 245 kcal/1025 kJ
pro Portion

# Heidelbeer-Dessert

• Kohlenhydratgruppe

*¼ l Heidelbeersaft*
*40 g Honig*
*3 Blatt weiße Gelatine*
*⅛ l Sahne*
*1 EL Mandeln, gehobelt*

Saft und Honig verrühren. Gelatine in kaltem Wasser einweichen. Saft aufkochen, Gelatine darin auflösen. Die Sahne zugießen, umrühren und in zwei kalt ausgespülte Förmchen füllen. Erstarren lassen, stürzen. Mandelblättchen in einer Pfanne ohne Fett goldgelb rösten, über das Dessert streuen.

ca. 290 kcal/1215 kJ
pro Portion

# Vanillecreme mit Früchten

• Kohlenhydratgruppe

*je ⅛ l Sahne und Wasser*
*1 Prise Salz*
*Schale und Mark einer Vanilleschote*
*2 Eigelb, 50 g Honig*
*6 Blatt weiße Gelatine*
*¼ l Sahne*
*4 frische Feigen (200 g)*

Sahne, Wasser, Salz, Vanilleschote und -mark aufkochen. Vom Herd nehmen, Vanilleschote entfernen. Eigelb mit Honig cremig schlagen. Nach und nach die heiße Vanillemilch unterquirlen und so lange rühren, bis die Masse dicklich ist. Die eingeweichte und ausgedrückte Gelatine darin auflösen. Die Creme in ein kaltes Wasserbad stellen und weiterschlagen, bis sie abgekühlt ist. Sahne steif schlagen und unterheben. In eine Flammeriform füllen. Über Nacht im Kühlschrank erstarren lassen. Stürzen, mit Feigen garnieren.

ca. 400 kcal/1675 kJ
pro Portion

# Orangen-Basilikum Sorbet

(für 4 Portionen)

• Eiweißgruppe

*½ l Orangensaft*
*2 Päckchen tiefgefrorenes Basilikum*
*Saft von 2 Zitronen*

Orangensaft, Basilikum (etwas zum Garnieren beiseite legen) und Zitronensaft verrühren und für 2 Stunden in das Tiefkühlgerät stellen. Mehrmals umrühren, damit sich keine großen Eiskristalle bilden. Vor dem Servieren mit dem Pürierstab zerkleinern, in einen Spritzbeutel mit großer Sterntülle geben und in vorgekühlte Gläser spritzen. Mit restlichem Basilikum bestreut garnieren.

ca. 100 kcal/420 kJ
pro Portion

# Kiwi-Mango-Schale mit Orangenschaum

• Eiweißgruppe

*2 Kiwis (ca.150 g)*
*1 kleine Mango (200 g)*
*2 Tropfen Vanilleessenz*
*2 Eigelb*
*1 Eiweiß*
*½ EL Wasser*
*abgeriebene Schale einer unbehandelten Orange*
*4 EL Orangensaft*

Kiwis schälen, in Scheiben schneiden. Mango dünn schälen, das Fruchtfleisch in Spalten vom Kern lösen; die Fruchtstücke in mundgerechte Würfel schneiden und zu den Kiwis geben. Kalt stellen. Vanille-Essenz, Eigelb, Eiweiß und Wasser im heißen Wasserbad so lange schlagen, bis eine helle Masse entsteht. Orangenschale und -saft verrühren und eßlöffelweise zu dem Eischaum geben, dabei immer weiterschlagen. Orangenschaum abkühlen lassen. Hin und wieder umrühren. Die vorbereiteten Früchte in zwei Schälchen verteilen und den Orangenschaum darüber füllen. Sofort servieren.

ca. 200 kcal/835 kJ
pro Portion

# *Fruchtsalat, griechisch*

▷

(für 4 Portionen)

• Eiweißgruppe

*2 Nektarinen (250 g)*
*2 Kiwis (150 g)*
*1 Stück Wassermelone (250 g)*
*1 Stück Netzmelone (250 g)*
*4 EL Orangensaft*
*je 3 EL Pinienkerne, Mandeln, Haselnüsse, Pistazien, gehackt*
*4 cl griechischer Weinbrand*

Die Nektarinen abspülen, halbieren, Kern entfernen. Kiwis schälen. Wasser- und Netzmelone halbieren, in Spalten teilen, schälen, entkernen. Das Fruchtfleisch von allen Früchten würfeln und in eine Schüssel geben. Vorsichtig miteinander mischen. Den Orangensaft und die gehackten Nüsse darübergeben. Mit dem griechischen Weinbrand beträufeln. Im Kühlschrank 10 Minuten ziehen lassen.

ca. 175 kcal/750 kJ
pro Portion

# *Früchtebecher*

• Eiweißgruppe

*¼ Zuckermelone (250 g)*
*1 Pfirsich oder 2 Aprikosen (ca. 150 g)*
*1 Birne (120 g)*
*½ EL Zitronensaft*
*½ Becher (etwa 85 g) Sahne-Dickmilch (3,5 % Fett)*

Zuckermelone in dicke Spalten teilen. Kerne und Schale entfernen und das Fruchtfleisch in nicht zu kleine Würfel schneiden. Pfirsich oder Aprikosen und Birne abspülen; Pfirsich oder Aprikosen entsteinen; die Birne achteln, Kerngehäuse entfernen. Das Obst würfeln, locker mischen, in eine Schüssel verteilen und gut kühlen.
Sahne-Dickmilch mit Zitronensaft verrühren und auf dem Fruchtsalat verteilen.

ca. 170 kcal/710 kJ
pro Portion

# *Apfel-Birnen-Carpaccio*

• Eiweißgruppe

*je 200 g säuerliche Äpfel und Birnen*
*3 EL Zitronensaft*
*150 g Sahne-Joghurt*
*1 kräftige Prise Zimt*
*3 EL Rosinen*

Äpfel und Birnen abbrausen und trockentupfen. Dann vierteln, das Kerngehäuse entfernen und in dünne Spalten teilen. Auf einen großen Teller kreisrund auslegen, mit Zitronensaft beträufeln. Joghurt, Rosinen und etwas Zimt verrühren und in die Mitte geben. Mit restlichem Zimt bestäuben.

ca. 260 kcal/1090 kJ pro Portion

## TIP

Wirklich reife Äpfel erkennt man an einer breiten und tiefen Kelchgrube (das ist die Stelle, an der die Blüte saß) und an braunen Kernen.

*Abb. S. 209*
*Würziges Kräuter-Kefir-Brot*
*Rezept S. 210*

Gebäck

# Bauernbrot Rusticana

▷

• Kohlenhydratgruppe

*250 g Roggenvollkornmehl*
*250 g Weizenvollkornmehl*
*125 g Sauerteig*
*20 g Hefe*
*⅜ l Buttermilch, zimmerwarm,*
*1½ TL Meersalz*
*150 g eingeweichte, gequollene Weizenkörner*
*30 g geschälte Sonnenblumenkerne*

Die Mehlsorten mischen, in die Mitte den Sauerteig geben und die Hefe hineinbröckeln. Die Buttermilch dazu gießen, Salz hinzugeben und alles verrühren. Dann die Weizenkörner und die gehackten Sonnenblumenkerne unterkneten. Teig zur Kugel formen und 45 Minuten ruhen lassen. Nochmals kurz durchkneten, ein längliches Brot daraus formen und weitere 45 Minuten ruhen lassen. Backofen auf 240 °C vorheizen; das Blech und eine Schale Wasser darunter erhitzen. Brot auf das heiße Blech setzen und ca. 25-30 Minuten backen. Die Hitze auf auf 200 °C reduzieren und weitere 30 Minuten backen.
Ergibt ca. 20 Scheiben.

ca. 145 kcal/605 kJ
pro Scheibe

# Würziges Kräuter-Kefir-Brot

• Kohlenhydratgruppe

***Für die Kräutermischung:***
*je 1 Bund Dill, Schnittlauch und Petersilie*
*1 Zwiebel (50 g)*
*1 Knoblauchzehe*
*2 EL Pflanzenöl*

***Für den Teig:***
*700 g Weizenvollkornmehl (Type 550)*
*40 g Hefe*
*1 EL Zitronensaft*
*1 TL Salz*
*500 g fettarmer Kefir (1,5 % Fett)*

***Außerdem:***
*Fett für die Form*

Kräuter abspülen, trockentupfen und hacken. Zwiebel und Knoblauchzehe schälen. Feingehackt in dem Öl andünsten. Alle Kräuter zufügen und kurz mitdünsten. Etwas abkühlen lassen. Die Teigzutaten der Reihenfolge nach in eine Schüssel geben und mit dem angewärmten Kefir und der Kräutermischung verkneten. Hefeteig zu einer Kugel formen, abdecken und 50 Minuten gehen lassen. Dann nochmals durchkneten, in eine große, gefettete Kastenform geben, vor dem Backen noch 15 Minuten gehen lassen und den Teig nach der Hälfte der Gehzeit der Länge nach in der Mitte etwas einschneiden. Dann im vorgeheizten Backofen, untere Schiene, bei 180 °C etwa 50 Minuten backen. Gut auskühlen lassen, erst dann anschneiden.
Ergibt etwa 25 Scheiben.

ca. 120 kcal/500 kJ
pro Scheibe

# *Dreikornbrot mit Buttermilch*

▷

• Kohlenhydratgruppe

*450 g Weizenvollkornmehl (Type 1050)*
*40 g Hefe*
*¼ l Buttermilch, zimmerwarm*
*1 TL Meersalz*
*50 g Leinsamen*
*20 g Sesam*
*50 g Sonnenblumenkerne*
*1 gehäufter TL Kümmel*
*1 TL Koriander, grob gemahlen*

Mehl in eine Schüssel geben. In die Mitte eine Mulde drükken; die zerbröckelte Hefe und Buttermilch hineingeben. Leicht mit etwas Mehl verrühren, das Salz dazugeben und an einem warmen Ort etwa 20 Minuten gehen lassen. Dann alles gut durchkneten, Leinsamen, Sonnenblumenkerne und Kümmel unterkneten. Den Teig zur Kugel formen. Ca. 30 Minuten gehen lassen; kräftig durchkneten und zu einem länglichen Brot formen. Die Oberseite mehrmals schräg einschneiden. Mit Wasser bestreichen. Nach Belieben mit Koriander bestreuen. Vor dem Backen nochmals 15 Minuten gehen lassen, dann im vorgeheizten Backofen, untere Schiene, bei 200 °C etwa 45 Minuten backen.
Ergibt ca. 20 Scheiben.

ca. 128 kcal/533 kJ pro Scheibe

# *Buttermilch-Kümmel-Fladen*

(für 6 Fladen)

• Kohlenhydratgruppe

*400 g Weizenvollkornmehl (Type 1050)*
*100 g Roggenmehl (Type 997)*
*40 g Hefe*
*¼ l Buttermilch, zimmerwarm*
*1 TL Meersalz*
*je 1 TL Kümmel und Koriander*
*Kümmel und grobes Meersalz zum Bestreuen*

Die beiden Mehlsorten mischen; in die Mitte eine Mulde drücken. Die zerbröckelte Hefe, die Buttermilch und das Salz darübergeben und verrühren. Zugedeckt etwa 30 Minuten gehen lassen. Die Gewürze zugeben und zu einer Teigkugel gut verkneten. An einem warmen Ort etwa 20 Minuten gehen lassen. Die Teigkugel in sechs gleich große Stücke teilen. Diese auf der bemehlten Arbeitsfläche zu etwa daumendicken Fladen ausrollen. Auf ein gefettetes Backblech setzen, mehrmals einstechen. Mit Wasser bestreichen. Nochmals 15 Minuten gehen lassen, mit Kümmel und grobem Salz bestreuen. Im vorgeheizten Backofen, zweite Schiene von unten, bei 200 °C etwa 30 Minuten backen.

ca. 310 kcal/1301 kJ pro Fladen

Kümmel

# *Vollkorn-Baguette*

▷

• Kohlenhydratgruppe

*500 g Weizenvollkornmehl*
*20 g Hefe*
*320 ml Buttermilch, zimmerwarm*
*1 TL Meersalz*

Mehl in eine Schüssel geben, die zerbröckelte Hefe, Buttermilch und Salz zufügen. Alles gründlich durchkneten und den Teig zu einer Kugel formen. Etwa 30 Minuten an einem warmen Ort ruhen lassen. Nochmals durchkneten, erneut 30 Minuten gehen lassen. Durchkneten, Teig zu einer Rolle formen und 10 Minuten ruhen lassen. Zur endgültigen Baguetteform rollen. Nach 20 Minuten in drei gleich große Stücke teilen; die Oberfläche mehrmals schräg einschneiden. Nochmals 45 Minuten gehen lassen. Auf ein Backblech setzen und mit einer Schale Wasser darunter im vorgeheizten Backofen, zweite Schiene von unten, bei 200 °C ca. 25 Minuten backen. Ergibt 3 Baguettes (je 250 g).

ca. 245 kcal/1025 kJ
pro 100 g

# *Vollkorn-Buttermilch-Baguette*

• Kohlenhydratgruppe

*250 g Mehl (Type 405)*
*250 g Weizenvollkornmehl (Type 1050)*
*20 g Hefe*
*320 ml Buttermilch, zimmerwarm*
*12 g Meersalz*

Mehl in eine Schüssel geben. Die zerbröckelte Hefe, die Buttermilch und das Salz zufügen. Alles gründlich durchkneten und zur Kugel formen. Mindestens 30 Minuten zugedeckt gehen lassen. Nochmals durchkneten und 30 Minuten gehen lassen. Erneut durchkneten, Teig zur Rolle formen und 10 Minuten ruhen lassen. Nun zur endgültigen Baguetteform rollen. Nach 20 Minuten in drei gleiche Stücke teilen; die Oberfläche schräg einschneiden. Nochmals 45 Minuten gehen lassen. Auf ein Backblech setzen. Mit einer Schale Wasser darunter im vorgeheizten Backofen, zweite Schiene von unten, bei 200 °C ca. 25 Minuten backen.
Ergibt 3 Baguettes von je 250 g.

ca. 245 kcal/1025 kJ
pro 100 g

# *Dinkelvollkornbrot mit Sonnenblumenkernen*

▷

• Kohlenhydratgruppe

*500 g Dinkelvollkornmehl*
*300 g Kefir (1,5 % Fett)*
*20 g Hefe*
*30 g Butter*
*20 g Salz*
*50 g geschälte Sonnenblumenkerne*

Mehl in eine Schüssel geben, die zerbröckelte Hefe und die weiche Butter, Salz und den leicht angewärmten Kefir dazugeben. Kräftig und gründlich durchkneten, bis der Teig glatt und geschmeidig ist. Die Sonnenblumenkerne zufügen und unterkneten. An einem warmen Ort den Teig 30 Minuten gehen lassen. Ein längliches Brot formen, 10 Minuten gehen lassen, dann mit scharfem Messer mehrmals quer einschneiden. Weitere 30 Minuten gehen lassen. Backofen auf 220 °C vorheizen und ein Blech sowie eine Schale mit Wasser darunter stellen. Brotlaib auf das heiße Blech setzen und anbacken. Hitze dann auf 180 °C reduzieren und 30 Minuten backen.
Ergibt ca. 20 Scheiben.

Ca. 120 kcal/500 kJ
pro Scheibe

**TIP**

Statt Dinkelvollkornmehl kann auch normales Dinkelmehl verwendet werden.

# *Schinkenbrot*

• Kohlenhydratgruppe

*125 g roher Schinken*
*250 g Roggenmehl (Type 997)*
*100 g Weizenvollkornmehl (Type 1050)*
*1 TL Meersalz*
*15 g zerbröckelte Hefe*
*200 ml lauwarmes Wasser*
*20 g Margarine*
*Margarine zum Einfetten*
*etwas Wasser zum Bestreichen*
*1 EL Sonnenblumenkerne*

Schinken fein würfeln, kurz anbraten, abkühlen lassen. Mehlsorten, Salz und Hefe in einer Schüssel mischen. Wasser und Margarine zufügen und zu einem glatten Teig verkneten. Bis zum doppelten Teigvolumen gehen lassen. Die Schinkenwürfel unterkneten. Aus dem Teig einen Laib formen, auf ein gefettetes Backblech setzen, mit Wasser bestreichen und mit Sonnenblumenkernen bestreuen. Nochmals gehen lassen. Im vorgeheizten Backofen, zweite Schiene von unten, bei 220 °C etwa 25 Minuten backen.
Ergibt ca. 20 Scheiben.

ca. 85 kcal/355 kJ
pro Scheibe

# *Roggenbrötchen mit Buttermilch*

▷

• Kohlenhydratgruppe

*250 g Weizenvollkornmehl (Type 1050)*
*250 g Roggenmehl (Type 1370)*
*40 g Hefe*
*200 ml Buttermilch, zimmerwarm*
*1 leicht gehäufter TL Meersalz*
*100 g Magerquark*
*75 g Weizenkörner, über Nacht eingeweicht*

***Zum Bestreuen:***
*Mohn*
*Sesam*
*Sonnenblumenkerne*
*Kümmel, grobes Meersalz*

Mehlsorten in einer Schüssel mischen. Die zerkrümelte Hefe und die Buttermilch, Salz, Quark und die abgetropften Körner dazugeben. Alles kräftig verkneten und den Teig zu einer Kugel formen. An einem warmen Ort 35-40 Minuten gehen lassen. Durchkneten und wieder 10 Minuten gehen lassen. Von der Teigkugel kleine Stücke von jeweils ca. 55 g abwiegen, die Teiglinge rund oder länglich formen; nochmals 35-40 Minuten gehen lassen. Mit Wasser bestreichen und mit Mohn, Sesam, Sonnenblumenkernen und Kümmel nach Belieben bestreuen. Auf ein mit Backpapier ausgelegtes Backblech setzen. Mit einer Schale Wasser unter dem Backblech im vorgeheizten Backofen, mittlere Schiene, bei 220 °C ca. 20 Minuten backen.
Ergibt 17 Brötchen.

ca. 110 kcal/460 kJ
pro Brötchen

# *Kressebrötchen*

• Kohlenhydratgruppe

*250 g Weizenvollkornmehl (Type 1050)*
*1 TL Backpulver*
*1 TL Meersalz*
*4 EL Pflanzenöl*
*1 Becher Sahne-Dickmilch (175 g)*
*1 kleine Zwiebel (30 g)*
*1 Kistchen Kresse*
*1 TL Basilikum, getrocknet*
*1 Eigelb zum Bestreichen*

Mehl und Backpulver mischen, mit Salz, 3 EL Öl und Sahne-Dickmilch zu einem glatten Teig verkneten und zugedeckt etwas ruhen lassen. Zwiebel und Kresse fein hacken und im restlichen Öl andünsten. Basilikum dazugeben und die Kräutermischung erkalten lassen. Dann unter den Teig kneten und den Teig auf leicht bemehlter Fläche etwa fingerdick ausrollen. Mit einem Glas (ca. 6-7 cm Durchmesser) runde Plätzchen (ca. 50 g Teig) ausstechen. Diese auf ein gefettetes Backblech setzen. Mit Eigelb bestreichen. Im vorgeheizten Backofen, mittlere Schiene, bei 200 °C ca. 17 Minuten backen. Frisch gebacken servieren.
Ergibt ca. 17 Brötchen.

ca 160 kcal/678 kJ
pro Brötchen

# Knusprige Haferbrötchen

▷

• Kohlenhydratgruppe

*200 g blütenzarte Haferflocken*
*200 g Weizenvollkornmehl*
*300 g Roggenvollkornmehl*
*40 g Hefe*
*½ l Wasser, lauwarm*
*1 Päckchen Fertigsauerteig (150 g)*
*1 TL Meersalz*
*100 g Kürbiskerne*
*50 g kernige Haferflocken*

Blütenzarte Haferflocken mit den Mehlsorten mischen. In die Mitte eine Mulde drücken. Hefe in 100 ml lauwarmem Wasser auflösen und in die Mulde geben. Mit etwas Mehlgemisch verrühren und an einem warmen Ort abgedeckt 15 Minuten gehen lassen. Sauerteig, Salz und restliches Wasser hinzufügen, alle Zutaten zu einem glatten Teig verkneten und weitere 30 Minuten gehen lassen. Zum Schluß die Kürbiskerne unterkneten. 15 Brötchen (jeweils ca. 100 g Teig) formen. Kreuzweise einschneiden und mit den kernigen Haferflocken bestreuen. Auf ein gefettetes Backblech setzen und abgedeckt weitere 10-15 Minuten gehen lassen. Im vorgeheizten Backofen, mittlere Schiene, bei 220 °C 20 bis 25 Minuten backen.

ca. 235 kcal/985 kJ
pro Brötchen

# Buttermilch-Zwiebel-Brötchen

• Kohlenhydratgruppe

*je 250 g Roggenvollkorn- und Weizenvollkornmehl*
*250 g Sauerteig*
*350 ml Buttermilch*
*1½ TL Meersalz*
*1 große Zwiebel (100 g)*
*10 g Butterschmalz*
*1 EL gemahlener Koriander*

Mehlsorten mischen, in die Mitte den Sauerteig, die zimmerwarme Buttermilch und das Salz geben. Das Ganze durchkneten. An einem warmen Ort zugedeckt 15 Minuten ruhen lassen. Inzwischen die Zwiebel sehr fein hacken und in Butterschmalz goldgelb rösten. Zwiebelwürfel abgekühlt mit dem Fett und Koriander gründlich unter den Teig kneten. 20 Stücke von ca. 60 g teilen. Kleine runde Laibe formen und auf eine mit Backpapier ausgelegte Fläche setzen. Weitere 45 Minuten gehen lassen. Den Backofen auf 240 °C vorheizen, am besten ein dunkles Backblech, zweite Schiene von unten, darin heiß werden lassen und eine Schale Wasser darunter stellen. Die Teigkugeln auf das Backblech setzen, obenauf kreuzweise einritzen. Das Blech sofort in den Backofen, zweite Schiene von unten, schieben. 20 Minuten backen, Hitze dann auf 200 °C reduzieren und weitere 20 Minuten backen.

ca. 130 kcal/545 kJ
pro Brötchen

# *Frischkäse-Spinat-Tarte*

(für 6 Portionen)

• Kohlenhydratgruppe

***Für den Teig:***
*220 g Roggenmehl*
*1 Eigelb*
*3 EL Buttermilch*
*Meersalz*
*100 g Butter*
*etwas Butter zum Einfetten*
*Mehl zum Ausrollen*

***Für die Füllung:***
*4 Zwiebeln (200 g), gehackt*
*30 g Margarine*
*600 g tiefgefrorener Blattspinat*
*Meersalz, weißer Pfeffer*
*geriebene Muskatnuß*
*100 g geräucherter Schinken*
*200 g Frischkäse (70 % F.i.Tr)*
*250 g Quark (20 % F.i.Tr)*
*3 Eigelb*

Alle Zutaten für den Teig verkneten. Eine eingefettete Tarte-Form (30 cm Durchmesser) damit auslegen; den Rand 2 cm hochziehen. Den Teig mehrmals einstechen. Zwiebeln in heißem Fett glasig dünsten. Aufgetauten Spinat abtropfen lassen, mit den Zwiebeln mischen und 5 Minuten dünsten, würzen. Schinken würfeln. Frischkäse, Quark und Eigelb verrühren, salzen und pfeffern. Auf den Teig streichen, den Spinat darüber geben und die Schinkenwürfel darauf verteilen. Im vorgeheizten Backofen, mittlere Schiene, bei 200 °C 45 Minuten backen.

ca. 575 kcal/2405 kJ
pro Portion

# *Zwiebelkuchen*

• Kohlenhydratgruppe

***Für den Teig:***
*250 g Weizenvollkornmehl*
*Meersalz, 20 g Hefe*
*100 ml lauwarmes Waser*
*25 g Margarine, 1 Eigelb*

***Für den Belag:***
*1 kg Zwiebeln*
*100 g Margarine*
*2 EL Wasser*
*3 Eigelb, 150 ml Sahne*
*Meersalz*
*weißer Pfeffer, Kümmel*

***Außerdem:***
*20 g Margarine*

Alle Zutaten für den Teig mit dem Handrührgerät (Knethaken) zu einem geschmeidigen Teig verkneten. Zugedeckt an einem warmen Ort ruhen lassen, bis sich das Teigvolumen verdoppelt hat. Zwiebeln schälen, grob hacken und in heißer Margarine glasig werden lassen. Abkühlen. Eigelb, Wasser und Sahne zu den Zwiebeln geben; mit Salz und Pfeffer würzen. Den Hefeteig zusammenkneten, eine gefettete Pie-Form (ca. 30 cm Durchmesser) damit auslegen. Teigrand etwas hochziehen. Erneut gehen lassen. Zwiebelmasse darauf verteilen, Kümmel darüberstreuen. Im vorgeheizten Backofen, mittlere Schiene, bei 200 °C etwa 35-40 Minuten backen.
Ergibt 12 Stücke.

ca. 230 kcal/960 kJ
pro Stück

# *Pizzafladen*

▷

• Kohlenhydratgruppe

***Für den Fladenteig:***
*350 g Weizenvollkornmehl*
*30 g Hefe*
*etwas lauwarmes Wasser*
*½ Becher Buttermilch (250 g)*
*15 g Meersalz*
*20 g Butter*
*4 TL Weizenkleie*

***Für den Belag:***
*400 g geräucherter Schinken*
*je 1 grüne und rote Paprikaschote (300 g)*
*weißer Pfeffer*
*frische Oreganoblättchen*
*1 Zwiebel*
*1 TL Margarine*
*300 g Butterkäse (60 % F.i.Tr.)*

Mehl in eine große Schüssel geben, in die Mitte eine Mulde drücken. Hefe hineinbröckeln, mit Wasser verrühren. Zugedeckt an einem warmen Ort 30 Minuten ruhen lassen. Anschließend die Buttermilch, Salz, Butter in Flöckchen und Weizenkleie zufügen und alles zu einem geschmeidigen Teig verkneten. Nochmals an einem warmen Ort 20 Minuten ruhen lassen. Aus dem Teig 12 Fladen (je ca. 55 g) formen und diese etwas auswalken, auf ein gefettetes Backblech setzen und mit Wasser bestreichen. Schinken in Würfel schneiden. Paprika putzen, waschen, vierteln, die weißen Kerne und Trennwände entfernen. Die Paprikaschotenstücke in Streifen schneiden. Zwiebel schälen und fein würfeln. Margarine in einem Topf erhitzen, die Zwiebelwürfel darin glasig werden lassen. Dann Schinken und Paprikaschotenstreifen zufügen und unter Wenden 4 Minuten dünsten. Gut würzen. Diese Mischung auf die Fladen verteilen. Die Pizzafladen im vorgeheizten Backofen. mittlere Schiene, bei 180 °C 30 Minuten backen. 5 Minuten vor Ende der Garzeit den grob geraffelten Käse über die Fladen geben und so lange backen bis er zerlaufen ist.
Ergibt 12 Fladen.

ca. 325 kcal/1400 kJ
pro Fladen

**TIP**

Nicht nur der niedrige Fettgehalt (max.1%) macht Buttermilch so sympathisch. Sie ist auch reich an biologisch hochwertigem Eiweiß. Zugleich liefert sie Kohlenhydrate in Form von Milchzucker, enthält Milchsäure – wichtig für die Bekömmlichkeit und Verdauung –, ein ganzes Dutzend Vitamine, besonders A, B2, B12 sowie den Mineralstoff Kalzium, der für die Knochen und Zähne sowie für die Muskelfunktion benötigt wird. Lecithin spielt eine wichtige Rolle bei der Fettverdauung. Außerdem ist Lecithin ein wichtiger Baustein von Gehirn- und Nervenzellen.

# *Zwiebelkuchen mit Schinken*

▷

• Kohlenhydratgruppe

***Für den Teig:***
*250 g Weizenvollkornmehl*
*(Type 1050)*
*20 g Hefe*
*etwas lauwarmes Wasser*
*⅛ l Buttermilch*
*½ TL Meersalz*
*2 EL Butter*

***Für den Belag:***
*750 g Zwiebeln*
*150 g roher Schinken*
*60 g Butter*
*5 Eigelb*
*3 EL Wasser*
*3 EL Weizenvollkornmehl*
*3 Becher Sahne-Dickmilch*
*(je 175 g)*
*1 gehäufter TL Kümmel*
*Meersalz, weißer Pfeffer*
*geriebene Muskatnuß*

***Zum Ausrollen:***
*etwas Weizenvollkornmehl*
*Margarine für das Blech*

Mehl in eine Schüssel geben; in die Mitte ein Mulde drücken. Zerbröckelte Hefe mit etwas lauwarmem Wasser verrühren, dazugeben und 30 Minuten zugedeckt gehen lassen. Anschließend die Buttermilch, Salz und die Butterflocken zugeben und mit dem Handrührgerät (Knethaken) zu einem geschmeidigen Teig verkneten. Zu Kugeln formen und nochmals an einem warmen Ort 30 Minuten gehen lassen. Zwiebeln schälen und in feine Ringe schneiden. Schinken würfeln. Butter in einer Pfanne zerlassen und den Schinken darin kroß ausbraten; dann mit einer Schaumkelle herausnehmen und im Bratfett die Zwiebeln unter Rühren glasig braten. 20 Minuten zugedeckt dünsten, dann abkühlen lassen. Hefeteig nochmals durchkneten, rechteckig ausrollen und auf ein gefettetes Backblech legen. Eigelb und Wasser verrühren, Mehl, Sahne-Dickmilch und die Gewürze unterrühren. Die Zwiebeln unterheben und diese Masse auf dem Teig verteilen. Den Schinken darüber streuen, dann den Kuchen in den vorgeheizten Backofen, mittlere Schiene, stellen und bei 200 °C etwa 40 Minuten backen. Sofort heiß servieren. Ergibt 1 Blech mit 12 Stücken.

ca. 275 kcal/1150 kJ
pro Portion

# Lauch-Quiche

▷

• Kohlenhydratgruppe

***Für den Teig:***
*200 g Weizenvollkornmehl*
*20 g Hefe*
*100 ml Buttermilch, zimmerwarm*
*1 gestrichener TL Meersalz*
*25 g flüssige Butter*

***Für den Belag:***
*250 g Zwiebeln*
*250 g Lauch*
*250 g roher Schinken*
*2 EL Butter*
*weißer Pfeffer, Meersalz*
*geriebene Muskatnuß*
*2 Becher Sahne-Dickmilch (je 175 g)*
*3 Eigelb*
*2 EL Weizenvollkornmehl*
*gehackte Petersilie*

***Außerdem:***
*etwas Butter für die Form*

Mehl in eine Schüsel geben; in die Mitte eine Mulde drücken und die Hefe hineinbröckeln. Etwas Buttermilch zufügen, verrühren und den Vorteig zugedeckt 15 Minuten gehen lassen. Dann die restlichen Zutaten unterrühren; den Teig gut durchkneten und wieder 20 Minuten gehen lassen. Inzwischen den Belag vorbereiten. Zwiebeln schälen und in feine Ringe schneiden. Lauch waschen, gründlich putzen, ebenfalls in feine Ringe schneiden. Schinken fein würfeln. Butter in einem großen Topf erhitzen, Schinken anbraten, Gemüse zugeben und unter Wenden 5 Minuten dünsten. Dann pikant würzen. Den Hefeteig nochmals durchkneten, die Hälfte auf dem gefetteten Boden einer Pie-Form (ca. 26-28 cm Durchmesser) dünn aurollen. Einen Rand von ca. 3 cm hochziehen. Auf dem Teig die Gemüse-Schinken-Füllung verteilen. Sahne-Dickmilch mit Eigelb verquirlen. Mischung würzen, Mehl und gehackte Petersilie unterühren. Die Masse gleichmäßig auf dem Belag verteilen. Die Quiche im vorgeheizten Backofen, mittlere Schiene, bei 200 °C ca. 20 Minuten anbacken. Dann bei 180 °C etwa 15 Minuten fertigbacken. Heiß servieren.
Ergibt 4 Portionen.

ca. 430 kcal/ 1800 kJ
pro Portion

# Vollkorn-Bobbes

▷

• Kohlenhydratgruppe

*175 g feines Weizenvollkornmehl*
*½ Päckchen Backpulver*
*125 g Butter, 75 g Honig*
*50 g kernige Vollkornhaferflocken*
*25 g Haferfleks mit Kleie*
*50 g Rosinen*
*100 g Haselnüsse, gemahlen*
*½ TL Zimt*
*1 Prise Salz*

Das Mehl mit dem Backpulver in einer Schüssel mischen. Die Butter leicht erwärmen, dann mit den übrigen Zutaten auf das Mehl geben und alles gut unterkneten. Den Teig zu einer dicken Rolle von etwa 7 cm Durchmesser formen. Die Teigrolle in 10 gut daumendicke Scheiben schneiden. Ein Backblech mit Backpapier auslegen und die Teigscheiben darauflegen. Im vorgeheizten Backofen, mittlere Schiene, bei 200 °C ca. 20 Minuten backen.
Ergibt etwa 10 Stück.

ca. 285 kcal/1190 kJ
pro Stück

# Zarte Haferwecken

• Kohlenhydratgruppe

*40 g Hefe*
*2 EL Honig*
*200 ml Buttermilch*
*150 g blütenzarte Haferflocken*
*225 g Weizenvollkornmehl*
*75 g Butter*
*1 Prise Salz*
*50 g Korinthen*
*2 Tl Zimt*

***Zum Bestreichen:***
*1 Eigelb*
*4 EL Wasser*
*30 g Butter*

Hefe zusammen mit 1 EL Honig und 100 ml Buttermilch verrühren. Zugedeckt 10 Minuten an einem warmen Ort gehen lassen, bis die Hefe Blasen schlägt. Blütenzarte Haferflocken und Mehl mischen und zusammen mit dem restlichen Honig und der Buttermilch, Butter, Salz und Hefe-Honig-Mischung verkneten. Zugedeckt 60 Minuten an einem warmen Ort gehen lassen. Den Teig erneut durchkneten, dabei die Korinthen und Zimt untermischen. Kleine, etwa handballengroße Wecken formen und auf ein gefettetes Backblech setzen. Eigelb und Wasser verrühren und damit die Wecken bestreichen. Im vorgeheizten Backofen, mittlere Schiene, bei 200 °C ca. 20 Minuten backen. Butter in einer Pfanne erhitzen und die noch warmen Wecken damit bestreichen.
Ergibt etwa 12 Stück.

ca. 210 kcal/880 kJ
pro Stück

# Müsli-Riegel

▷

• Kohlenhydratgruppe

*200 g kernige Haferflocken*
*100 g knusprige Haferfleks*
*100 g Haselnüsse, halbiert*
*50 g Sonnenblumenkerne*
*30 g Kokosraspel*
*50 g Butter*
*200 g Honig*

Die Haferflocken, Knusperfleks, Haselnüsse, Sonnenblumenkerne und Kokosraspel in einer Schüssel mischen, beiseite stellen. Butter und Honig in einem Kochtopf aufkochen und unter ständigem Rühren 3-4 Minuten lang bis zum Karamelisieren weiterkochen. Dann die vorher gemischten Zutaten einrühren. So lange durchmischen, bis alles eine dunklere Färbung angenommen hat und gleichmäßig von der Honig-Karamel-Masse überzogen ist. Die warme Riegelmasse sofort auf ein mit Backpapier ausgelegtes Backblech zu einer Platte von 30 x 50 cm verstreichen. Masse in Riegel (4 x 10 cm) schneiden, auskühlen lassen und am besten in einer Dose trocken aufbewahren.
Ergibt 36 Riegel.

ca. 90 kcal/375 kJ
pro Riegel

# Kernige Fruchtriegel

• Kohlenhydratgruppe

*30 g Butter*
*130 g Honig*
*150 g kernige Haferflocken*
*50 g knusprige Haferfleks*
*30 g Haselnüsse, grob gehackt*
*30 g Sonnenblumenkerne*
*30 g Pflaumen, getrocknet*
*30 g Birnen, getrocknet*
*30 g Aprikosen, getrocknet*
*30 g Rosinen*

Butter zusammen mit dem Honig in einem Kochtopf schmelzen. Kernige Haferflocken, Haferfleks, Haselnüsse sowie die Sonnenblumenkerne hinzufügen und unter ständigem Rühren goldgelb rösten. Trockenpflaumen, -birnen, -aprikosen würfeln und zusammen mit den Rosinen unter die Masse heben. Auf ein mit Backpapier ausgelegtes Backblech streichen und im vorgeheizten Backofen, mittlere Schiene, bei 140 °C ca. 10-15 Minuten trocknen.
Noch warm in Riegel schneiden und abkühlen lassen. In einer gut verschließbaren Dose aufbewahren.
Ergibt etwa 20 Riegel.

ca. 100 kcal/420 kJ
pro Riegel

# *Von Körnern, Keimen und Sprossen*

Aus kleinen, harten, unscheinbaren Getreide- oder Samenkörnern entstehen sehr gesunde Keimlinge. Die Sprossenzucht ist ganz einfach. Es eignen sich Geteidekörner wie Weizen, Roggen und Gerste, aber auch Samen wie Luzerne, Kresse, Senf. Sehr beliebt sind auch Sprossen von Erbsen, Linsen und den verschiedenen Bohnenarten (Mungobohne, Adzukibohne und Sojabohne).

**Sprossen – herzhaft und gesund**

Sprossen sind eine geballte Ladung all der Vitamine und Mineralstoffe, die der Körper als Schutzstoffe braucht. Durch Naturkost und vollwertige Ernährung ist die Aufzucht von Sprossen bei uns populär geworden. Sprossen sind reich an Vitaminen der B-Gruppe, an Vitamin C und E, enthalten wertvolle Mineralstoffe und Spurenelemente und viele Ballaststoffe. Besonders im Winter, wenn viele Gemüse und Salate aus dem Treibhaus kommen, sind diese Sprossen und Keime willkommen und bieten eine knackige Frische. Sie eignen sich zum Würzen und Abrunden vieler Gerichte, schmecken aber auch pur aufs Brot gestreut.Rezepte finden Sie im Kapitel „Salate mit Sprossen und Keimen“. Besonders beliebt sind die frischen Sprossen in knackigem Salat. Dazu sollten Sie würzige Dips oder Dressings servieren, beispielsweise aus Joghurt, Dickmilch, Buttermilch oder Kefir. Sie sind trotz ihres erfreulich niedrigen Fettgehaltes nicht nur ideal für die Aromenentfaltung der Sprossen, Kräuter und Gewürze, sondern sie sind auch ideale Vehikel für die fettlöslichen Vitamine, die vor allem in den Keimlingen vorkommen.

**Sprossenziehen ist ganz einfach**

Zubehör und Samen erhalten Sie im Reformhaus und Naturkostladen oder auch schon in den Fachabteilungen der großen Supermärkte. Das Ziehen von Sprossen ist ganz einfach. Es genügt ein Einweckglas als Treibhaus für die Sprossen, aber auch eine Keimbox ist keine große Anschaffung. Wichtig ist, die keimenden Körner stets feucht zu halten. Über Nacht in warmem Wasser quellen lassen, dann täglich zwei- bis dreimal mit kaltem Wasser abspülen. Nach zwei bis fünf Tagen haben sich die meisten Samen in Sprossen verwandelt. Sauberkeit ist oberstes Gebot, denn auch Bakterien und Schimmel können sich bei den geforderten Bedingungen sehr gut entwickeln.

**1. Schritt:** Samen einweichen

Die Samenkörner mit warmem Wasser durchspülen und über Nacht einweichen. Bei manchen Körnern genügen auch schon einige Stunden zum Quellen, bei einigen Körnern ist ein Quellen nicht nötig. Bitte die Anleitung auf den Samenpäckchen beachten!

**2. Schritt:** Keimlinge spülen

Wasser abgießen und Körner keimen lassen. Täglich mehrmals durchspülen. Bei schleimbildenden Samenkörnern (Senf, Leinsamen, Kresse) genügt ein Spülvorgang pro Tag.

Stets feucht halten und nicht antrocknen lassen!

**3. Schritt:** Sprossen ernten

Die Samenkörner sind nach wenigen Tagen kräftig gewachsen und können nun geernet werden.

Es ist schon faszinierend zu sehen, wie schnell aus einem harten, unscheinbaren Getreide- oder Samenkorn ein neuer Keimling entsteht.

# Rezeptregister

## G



## H



## I



## J



## K

## L



## M



## N



## O



## P



## Q



## R

## Bildnachweis

Für die freundliche Überlassung der Dias danken wir im einzelnen den folgenden Firmen (in alphabetischer Reihenfolge):

Butaris für die Seite: 137.

Centrale Marketing-Gesellschaft der deutschen Agrarwirtschaft mbH, Bonn, für die Seiten: 57, 165.

Eden für die Seite: 37.

FIMA, Bremerhaven, für die Seiten: 41, 175, 177, 181, 183, 187.

GCI Ringpress, Frankfurt, und dort im einzelnen:
Ernährungsberatung LDH e. V., für die Seite: 65.
Heidemark für die Seiten: 147, 149.
Hochland für die Seiten: 31, 33, 77, 79, 155, 223.
Leistungsgemeinschaft Deutscher Hähnchenerzeuger, für die Seiten: 63, 81, 83, 143.

Herbert Wirths PR, Fischach, für die Seiten: 157, 231.

Ketchum PR, München, und dort im einzelnen:
ADAM, für die Seiten: 153, 159, 195.
Bresso Frischkäse für die Seite: 161.
Florida Pink Grapefruit, für die Seiten: 89, 91, 179, 191.
Thomy für die Seite: 167.
USA Sonnenblumenkerne für die Seiten: 121, 151.

Klaus H. Iden für die Seiten: 131, 133, 135, 197.

Knorr/Maizena, Mainz, für die Seiten: 109, 125, 127.

Kommunikation & Marketing, Bonn, für die Seiten: 19, 21, 23, 25, 27, 29, 111, 115, 117, 119, 123.

Komplett-Büro GmbH, München, und dort im einzelnen:
Kikkoman für die Seiten: 141, 169, 193.

Langnese-Iglo, Hamburg, für die Seiten: 171, 205.

Meßmer-Tee für die Seite: 67.

Molkerei Müller, Aretsried, für die Seiten: 35, 43, 49, 53, 73, 75, 85, 87, 95, 97, 99, 101, 103, 105, 107, 129, 139, 173, 185, 199, 201, 203, 209, 211, 213, 215, 217, 219, 225, 227, 229.

Peter Köln, Köllnflockenwerke, für die Seiten: 15, 17, 221, 233.

Supress, Düsseldorf, und dort im einzelnen:
Deutsche Ei-Information für die Seiten: 39, 45, 47, 51, 57, 59, 61, 71, 163.
Griechischer Wein für die Seiten: 69, 207.

Union Deutsche Lebensmittelwerke GmbH für die Seiten: 113, 189.

Titelbild: Supress, Düsseldorf-Oberkassel (Deutsche Ei-Information)

Hintere Umschlagseite:
links oben: GCI Ringpress, Frankfurt (Hochland)
rechts oben: Kommunikation & Marketing Volker Stolz GmbH, Bonn (Honig Verband)
links unten: Molkerei Müller, Aretsried
rechts unten: Peter Kölln, Köllnflockenwerke

**Quellenangabe:**

Die Haysche Trennkost – gesund und schlank durch Trennkost,
Karl F. Haug Verlag GmbH Heidelberg
U. Summ, Das große Buch der Trennkost, Falken-Verlag
U. Summ, Die neue Trennkost, Falken-Verlag
U. Summ, Cholesterinarme Trennkost, Falken-Verlag
U. Summ, Trennkost, Schlank werden nach Dr. Hay, Falken-Verlag
Soja Carlsson, Das kleine 1x1 der Trennkost, Falken-Verlag
U. Paschen, Fit durch Trennkost, Heyne-Verlag